运输经济政策与规划

王坤 著

天津出版传媒集团

天津科学技术出版社

图书在版编目（CIP）数据

运输经济政策与规划 / 王坤著. -- 天津：天津科学技术出版社，2024.2

ISBN 978-7-5742-1797-3

Ⅰ．①运… Ⅱ．①王… Ⅲ．①运输经济学②运输政策 Ⅳ．①F50②F511.0

中国国家版本馆CIP数据核字(2024)第044876号

运输经济政策与规划
YUNSHU JINGJI ZHENGCE YU GUIHUA

| 责任编辑： | 王　彤 |
| 责任印制： | 兰　毅 |

出　　版：	天津出版传媒集团
	天津科学技术出版社
地　　址：	天津市西康路 35 号
邮　　编：	300051
电　　话：	（022）23332377
网　　址：	www.tjkjcbs.com.cn
发　　行：	新华书店经销
印　　刷：	济南新广达图文快印有限公司

开本 787×1092 1/16 印张 13 字数 220 000
2025 年 4 月第 1 版第 1 次印刷
定价：65.00元

前　言

　　本书旨在系统地介绍运输经济政策与规划的相关理论、方法和实践，以期为相关领域的从业者、研究者以及决策者提供参考和指导。运输经济政策与规划是国家经济发展和城市交通规划的重要组成部分，其科学性和合理性对于促进交通运输业的可持续发展、提高运输效率和服务质量具有重要意义。

　　第一章"运输经济政策概述"主要对运输经济政策的定义与作用进行了基本概述，引领读者进入本书的主题内容。

　　第二章"运输市场分析"则从运输市场的基本特征、需求与供给的分析方法，以及运输价格与收费机制等方面，帮助读者全面了解运输市场的运行机制与规律。

　　第三章"运输投资与融资"主要关注运输基础设施投资与融资的规模与结构、运输项目融资的方式与渠道，并介绍运输项目评价与风险分析的方法与技巧。

　　第四章"城市交通规划与管理"将深入探讨城市交通规划的原则与方法，以及城市交通管理的组织与措施。

　　第五章"物流规划与管理"将重点考察物流体系规划的原则与方法，物流信息化与技术应用，以及物流网络设计与布局等方面的内容。

　　第六章"公路运输政策与规划"将探讨公路运输的地位与发展趋势，公路运输政策与道路网络规划，以及公路运输的发展问题与政策措施等内容。

　　第七章"公共交通规划与管理"将重点研究公共交通的组织与运营模式，公共交通规划与服务质量管理等内容。

　　第八章"跨境运输政策与规划"将介绍跨境运输政策的制定与协调机制，以及跨境运输规划与基础设施建设等内容。

　　第九章"运输与区域发展"将深入探讨运输发展与区域经济的关系，以及运输对区域发展的影响。

　　第十章"运输安全与应急管理"将关注运输安全的风险评估与控制，以及运输应急管理与危机处理的方法与实践。

第十一章"可持续发展与绿色运输"将探讨运输业的环保问题与挑战，以及绿色运输政策与技术措施等内容。

第十二章"运输经济政策与规划的实践与展望"将评估运输经济政策与规划的实施效果，并对其未来发展趋势进行展望。

本书旨在通过理论与实践相结合的方式，全面深入地介绍运输经济政策与规划的相关内容，希望能够为读者提供有益的参考和指导。对于从事交通运输、城市规划、物流管理等相关领域的从业者和研究者，本书可作为一本重要的参考书籍。

目 录

第一章 运输经济政策概述 1
   第一节 运输经济政策的定义与作用 1
   第二节 国家运输经济政策的制定与执行机制 4

第二章 运输市场分析 13
   第一节 运输市场的基本特征 13
   第二节 运输需求与供给的分析方法 20
   第三节 运输价格与收费机制 26

第三章 运输投资与融资 31
   第一节 运输基础设施投资规模与结构 31
   第二节 运输项目融资的方式与渠道 34
   第三节 运输项目评价与风险分析 39

第四章 城市交通规划与管理 43
   第一节 城市交通规划的原则与方法 43
   第二节 城市交通管理的组织与措施 51

第五章 物流规划与管理 65
   第一节 物流体系规划的原则与方法 65
   第二节 物流信息化与技术应用 69
   第三节 物流网络设计与布局 76

第六章 公路运输政策与规划 88
   第一节 公路运输的地位与发展趋势 88
   第二节 公路运输政策与道路网络规划 95
   第三节 公路运输的发展问题与政策措施 98

第七章 公共交通规划与管理 104
   第一节 公共交通的组织与运营模式 104
   第二节 公共交通规划与服务质量管理 107

第八章 跨境运输政策与规划 112
   第一节 跨境运输政策的制定与协调机制 112

第二节　跨境运输规划与基础设施建设 …………………………………… 122
第九章　运输与区域发展 ……………………………………………………… 125
　　第一节　运输发展与区域经济的关系 ………………………………………… 125
　　第二节　运输对区域发展的影响 …………………………………………… 135
第十章　运输安全与应急管理 ………………………………………………… 152
　　第一节　运输安全的风险评估与控制 ………………………………………… 152
　　第二节　运输应急管理与危机处理 …………………………………………… 154
第十一章　可持续发展与绿色运输 …………………………………………… 170
　　第一节　运输业的环保问题与挑战 …………………………………………… 170
　　第二节　绿色运输政策与技术措施 …………………………………………… 176
第十二章　运输经济政策与规划的实践与展望 ……………………………… 185
　　第一节　运输经济政策与规划的实施效果评估 ……………………………… 185
　　第二节　运输经济政策与规划的未来发展趋势 ……………………………… 189
参考文献 ………………………………………………………………………… 199

第一章 运输经济政策概述

第一节 运输经济政策的定义与作用

一、运输经济政策的定义

运输经济政策是指国家或地区为了促进运输业发展和优化运输体系而采取的各种措施和政策。它旨在合理调配交通资源,提高交通效率,降低运输成本,促进经济增长和社会进步。运输经济政策涵盖了各个层面的规划、管理、监管、技术支持、财政支持等方面,以实现运输体系的可持续发展。

二、运输经济政策的作用

(一)促进经济增长

在现代经济体系中,物流和运输是连接生产、流通和消费的重要环节。通过提高物流效率,降低运输成本,拓展运输网络等手段,可以促进货物和服务的流通,加快商品生产与消费的联系和速度,从而推动经济增长。

通过优化运输路径和加强多式联运等方式,可以提高物流效率。例如,在供应链中引入智能化技术,实现信息共享和协同配送,可以减少货物的停留时间和运输中的浪费。同时,通过加强仓储管理和货物跟踪等手段,可以提高货物的及时性和可靠性,增强市场竞争力。

通过降低运输成本,可以促进商品的流通和消费。例如,通过优化运输规模、提高装载率等手段,可以降低单位成本。同时,推动运输企业实施精益管理,提高生产效率和资源利用率,可以进一步降低运营成本,提供更具竞争力的物流服务。

拓展运输网络也是促进经济增长的重要举措。通过发展铁路、水运等多样化的运输方式,可以拓宽货物流通的渠道,降低运输风险和成本。特别是对于偏远地区和边远地区来说,良好的运输网络可以打破交通壁垒,促进地区发展的均衡。

（二）优化运输结构

在过去的发展中，随着城市化进程的加速和经济的快速增长，公路运输成了主要的运输方式，但也带来了交通拥堵、环境污染等问题。因此，制定运输经济政策，引导和调整不同运输方式的比例，优化交通运输结构就显得尤为重要。

鼓励发展铁路运输和水运运输。相比于公路运输，铁路运输和水运运输具有更大的运载能力和运输效率，能够承担更多长途高负荷运输任务。因此，通过建设高速铁路网和内河航道等基础设施，提高铁路和水运的服务水平，可以减少对公路运输的依赖，分流货物流量，降低环境污染和道路拥堵。

加强城市公共交通建设，鼓励居民使用公共交通工具出行。随着城市化进程的推进，城市交通问题日益突出，拥堵现象严重影响了人们的生活和经济活动。通过发展地铁、巴士等公共交通系统，提供便捷、安全、舒适的出行方式，可以减少私家车使用量，缓解城市交通拥堵，提高出行效率。

通过制定相关政策鼓励绿色出行和非机动车出行也是优化运输结构的重要手段。例如，通过建设自行车专用道、设置鼓励非机动车出行的政策措施，可以减少机动车使用量，改善空气质量，提高城市居民的生活质量。

（三）改善地区发展

在国家或地区发展中，交通运输是连接各个地区的纽带，因此通过运输经济政策的制定和实施，可以打破交通壁垒，促进地区发展的均衡。

通过改善交通基础设施，提升交通运输能力，可以使偏远地区和经济欠发达地区更好地融入国家和地区的经济发展。例如，在发展经济与旅游业的战略规划中，可以加大对交通基础设施建设的投资力度，修建公路、铁路和机场等便捷的交通通道，缩小地区之间的交通差距，促进资源要素的优化配置。

通过加强交通联通，可以促进地区间的合作与交流。运输经济政策可以通过规划和建设交通枢纽、航线等方式，提高地区之间的交通便利性，降低交通运输成本，推动地区间的贸易往来和人员流动，促进产业合作与互利共赢。

通过推动农村公路建设、改善农村交通条件，可以促进农村地区的农产品流通和农民收入增加。特别是对于农村地区来说，完善农村公路网络，方便农村居民和农民参与市场经济，能够有效打破交通壁垒，促进农村地区整体发展。

（四）促进就业和减少贫困

运输业是一个劳动密集型产业，其发展可以创造大量的就业机会，尤其是对于农村地区和劳动力市场不充分的人口。

通过发展交通基础设施建设，可以创造大量的就业岗位。在运输基础设施建设的过程中，需要大量的劳动力参与到工程建设、装备安装、运营管理等环节中，从而形成了广泛的就业机会。

随着运输业的发展，相关的物流、仓储、配送等服务行业也会相应增长，并带动相关行业的就业。例如，货运代理、物流仓储、货物配送等行业的发展，提供了大量的就业机会，同时也带动了相关产业链条的发展。

通过降低运输成本，改善物流环境，还可以减少贫困地区的运输和物流压力，提高贫困地区的生活水平。贫困地区通常面临运输条件差、物流成本高等问题，制定合理的运输经济政策，可以将其纳入全国的物流网络中，降低物流成本，改善物流服务，提高贫困地区的对外连通度，促进产业发展和就业机会的增加。

（五）提升国家竞争力

通过制定合理的运输经济政策，可以提升国家的综合交通运输能力和服务水平，提高国家在全球供应链中的地位和竞争力。

通过加大对交通基础设施的投资，可以提升国家的综合交通运输能力。建设高速铁路、航空港口、多式联运枢纽等重大交通项目，可以提高国家的物流运输效率，降低运输成本，增强国家的供应链可靠性和灵活性。

通过科技创新和技术引进，推动运输业的现代化与智能化，可以提高国家的科技水平。例如，推广使用物联网、大数据、人工智能等先进技术，实现交通信息的实时共享、智能调度和预测，提升运输系统的可控性和安全性。

通过持续加强人才培养和技术研发，提升运输业的整体水平。建立健全的职业教育体系，培养专业化、复合型的运输人才队伍，推动运输业的创新发展和技术升级，提升国家的综合竞争力。

（六）保障安全与环保

制定和执行运输经济政策可以提高交通运输系统的安全性和环保性，保障人民群众的生命财产安全，减少交通事故和环境污染。

加强对危险品运输的管理和监管是保障运输系统安全的重要措施。危险品运输涉及爆炸品、有毒有害物质等潜在的安全风险，必须制定严格的法规和标准，加强企业的安全生产管理，实施安全检查和监测，确保危险品运输过程中的安全稳定。

推动绿色运输和低碳交通方式的发展，是保护环境的重要举措。例如，推广使用清洁能源车辆，鼓励使用环保材料和技术，减少尾气排放和噪声污染。

此外，制定相关政策，鼓励节能减排，支持绿色物流和循环经济的发展，降低交通运输对环境的影响。

第二节　国家运输经济政策的制定与执行机制

一、国家运输经济政策的制定机制

（一）政策研究和规划阶段

在制定国家运输经济政策之前，相关部门需要进行充分的政策研究和规划工作。这一阶段的主要任务包括以下几个方面。

（1）运输经济发展趋势研究：通过收集、分析国内外运输经济的发展动态和趋势，了解全球范围内的新兴技术和产业趋势，为制定政策提供科学依据。

（2）问题和需求调研：深入调研国内运输经济存在的问题和需求，包括交通拥堵、能源消耗、安全风险等，同时聆听利益相关方的意见和建议，了解其关注点和需求。

（3）政府发展目标确定：根据国家发展战略和规划，明确运输经济发展的战略目标、重点领域和政策方向，确保运输经济与国家整体发展目标相契合。

（4）运输经济规划编制：组织专家进行运输经济规划编制工作，包括制定政策目标、整体框架以及具体措施和时间表等，为后续的政策制定提供依据。

（二）多部门协同参与

国家运输经济政策的制定涉及多个相关部门的协同参与，确保政策的科学性和综合性。以下是主要涉及的部门和其职责。

（1）交通运输部：负责制定和协调国家运输政策，推动交通运输行业的发展和改革。主要关注交通运输设施建设、运输技术创新、物流服务提升等。

（2）发展改革委：负责宏观经济调控和经济体制改革，参与运输经济政策的制定和评估。主要关注政策的经济效益、社会影响等方面。

（3）国家发展和改革委员会：负责制定国家发展规划和产业政策，参与运输经济政策的统筹和协调。主要关注政策与国家整体发展目标的衔接。

（4）工业和信息化部：负责指导产业发展和技术创新，关注运输设备制造和智能交通技术的发展。

（5）住房和城乡建设部：负责城市交通规划和建设，参与城市交通发展政策的制定。

以上部门在政策制定过程中需要进行充分沟通和协商，确保各自的职责得到合理的安排和协调。

（三）制定草案和征求意见

在国家运输经济政策制定的初期阶段，相关部门会制定政策草案，并广泛征求各利益相关方的意见和建议。以下是主要的征求意见环节和参与主体。

（1）专家论证：邀请相关领域的专家学者对政策草案进行评估和论证，提供科学合理的建议和意见。

（2）行业协会和企业代表：听取交通运输行业协会、企业代表等的意见和建议，了解行业实际情况和需求。

（3）公众意见征集：通过官方媒体、政府网站等渠道，向社会公众征集意见和建议，尤其关注广大群众的关切和反馈。

利用征求意见的机会，政策制定部门可以及时获取各方面的信息和反馈，完善原始政策草案。

（四）决策和审批阶段

国家运输经济政策的最终决策和审批由国家相关部门负责，确保政策的合法性和有效性。以下是涉及的主要部门和其职责。

（1）国家发展和改革委员会：负责对国家运输经济政策进行核定和审批，确保政策与国家整体发展目标相符。

（2）交通运输部：作为主要执行部门，负责推动政策的制定和执行，承担具体的行政工作。

在政策决策和审批过程中，可能需要进行多个层级的审批和研究，以确保政策的科学性和可操作性。

（五）发布和实施阶段

国家运输经济政策经过审批后，由国家有关部门予以正式发布并开始执行。以下是主要环节和参与主体。

（1）发布渠道：政策发布渠道包括官方媒体、政府网站、公告等方式，确保政策能够被广泛传达和获取。

（2）宣传和培训：相关部门负责组织政策的宣传和培训活动，向社会各界传达政策的核心内容、目标和具体措施。

（3）执行监督：相关部门负责监督政策的执行情况，发现问题及时进行跟踪和处理，并根据需要进行政策调整和优化。

国家运输经济政策的制定机制需要各相关部门之间的密切合作和协同配合，确保政策的科学性、合理性和可操作性。同时，政策的发布和实施阶段需要进行有效的宣传和培训，以确保政策能够得到广泛理解和有效落地。

二、国家运输经济政策的执行机制

国家运输经济政策的执行机制是保证政策能够有效实施和落地的重要环节。以下是国家运输经济政策的执行机制的主要环节和参与主体。

（一）部门责任划分

1.交通运输部

作为国家运输经济政策的主要执行部门，交通运输部负责全国范围内的运输事务。其职运输政策、规划和管理运输网络、推动交通运输技术和设施的改善，以及监督和指导相关部门和地方政府的工作。交通运输部还负责制定运输安全和环境保护的标准和规范，加强对运输企业的监管，促进运输行业的健康发展。

2.经济发展和改革委员会（或发改委）

经济发展和改革委员会负责宏观经济调控和经济体制改革，对国家运输经济政策的实施起着重要的指导和协调作用。该部门负责制定运输行业的发展规划和政策方针，调控运输市场的竞争秩序，保障公平竞争环境和价格合理性，推动运输行业结构调整和创新发展。

3.国家发展和改革委员会（或发改委）

国家发展和改革委员会也参与国家运输经济政策的执行工作，负责制定和协调国家综合交通运输体系建设规划，推动交通基础设施建设和管理，促进运输设施的现代化。

4.财政部

财政部负责国家运输经济政策实施过程中的财政支持和资金管理。该部门负责编制运输领域的财政预算，安排专项资金用于交通运输设施建设、技术改造和运输企业扶持等方面。财政部还负责对运输企业的财务管理和绩效评估，确保资金使用的效益和合规性。

5.地方交通运输主管部门

地方交通运输主管部门是国家运输经济政策在地方的具体执行机构，负责组织实施国家运输经济政策，指导和监督本地区运输行业的落实情况。地方交通运输主管部门需要积极与上级部门和相关部门进行沟通和协调，加强对本地区运输企业的监管和指导，推动运输行业的发展和改革。

以上是国家运输经济政策执行中的部门责任划分。交通运输部作为主要执行部门，其他部门如经济发展和改革委员会、财政部等承担着重要的指导、协调和监督职责，地方交通运输主管部门负责在本地区具体实施政策。这些部门的合作和协同将确保国家运输经济政策的有效实施和执行效果的达成。

（二）政策解读和宣传

1.发布解读文件

相关部门可以通过发布解读文件的方式，对政策进行详细解读。这些文件应当包括政策的背景、目的、核心内容以及实施细则等方面的解释，以便广大民众和企业能够更好地理解政策的意图和要求。解读文件可以发布在官方网站上，也可以通过媒体渠道进行广泛传播。

2.举办培训会议

为了确保政策能够被各方面人员全面掌握和理解，相关部门可以组织培训会议。这些培训会议可以面向政府部门、企事业单位、专业团体和民众等不同群体，通过专家讲解、案例分析和互动交流等形式，深入浅出地解释政策的内涵和操作指南，提高参与者的政策理解和应用能力。

3.开展宣传活动

为了增加政策的知名度和影响力，相关部门可以开展各种形式的宣传活动。例如，可以制作政策宣传片，在电视、网络和社交媒体等渠道进行广泛播放；还可以组织现场宣传活动，例如举办政策咨询咨询会、召开座谈会等，吸引更多的人关注和参与政策实施。

4.建立咨询服务平台

为了解答民众和企业的疑问，相关部门可以建立咨询服务平台。通过电话、邮件、在线聊天等方式，提供给民众和企业一个便捷的渠道，向他们解答政策相关问题，并提供必要的指导和咨询服务平台的建立不仅可以帮助解决疑惑，还可以收集社会各界的意见和建议，为政策的优化和调整提供参考。

5.强化宣传合作

为了加大政策的宣传力度，相关部门可以与媒体、社会团体和专业机构等建立紧密的合作关系。通过与媒体合作，可以利用各类媒体的影响力和传播渠道，扩大政策的曝光度和影响范围；与社会团体和专业机构合作，可以借助其专业知识和资源，提高政策宣传的针对性和有效性。

以上是相关部门在政策解读和宣传方面的一些方法和措施。通过发布解读文件、举办培训会议、开展宣传活动、建立咨询服务平台和强化宣传合作，相关部门可以确保政策能够被广泛理解和掌握，提高政策的落地和实施效果，促进政策目标的顺利实现。

（三）监督和评估机制

1.定期召开评估会议

建立监督和评估机制的第一步是定期召开评估会议。这些会议可以由相关部门组织，邀请政府部门、专业机构、学者和行业代表等参与。会议上可以对政策的执行情况进行全面的汇报和讨论，深入分析存在的问题和挑战，并提出改进和优化的建议。通过评估会议，可以及时了解政策实施中的困难和矛盾，为政策调整和优化提供决策依据。

2.进行现场检查

除了定期召开评估会议，相关部门还应进行现场检查，以了解政策的实施情况。现场检查可以选择一些具有代表性的地区或企业进行，通过实地走访、数据收集和访谈等方式，全面了解政策的执行情况和实施效果。现场检查可以帮助发现政策执行中存在的问题和不足，及时采取纠正措施，确保政策能够按照预期目标推进。

3.开展统计分析

统计分析是评估政策实施效果的重要手段之一。相关部门可以通过收集相关数据和指标，进行定量分析和比较。通过统计分析，可以客观评估政策的执行情况和实施效果，发现问题的根源和改进的方向，并为政策调整提供科学依据。同时，统计分析还可以建立起长期监测体系，对政策实施过程进行动态追踪和分析。

4.建立举报机制

为了增强政策监督的力度，相关部门可以建立举报机制。这个机制可以向民众和企业提供一个便捷的途径，举报政策执行中存在的问题和违规行为。相关部门应当及时处理举报，并对举报事项进行调查和核实，确保政策执行的公平性和规范性。建立举报机制可以有效地防止滥用职权等不正当行为的发生，维护政策执行的良好环境。

5.定期发布评估报告

为了向社会公众公开政策执行情况和实施效果，相关部门应定期发布评估报告。这些报告应当包括政策执行的总体情况、存在的问题和挑战、取得的成效和下一步的改进措施等内容。评估报告的发布可以增强政策的透明度和公信力，让公众了解政策的进展和成果，提高政策执行的参与度和满意度。

通过以上监督和评估机制的建立，可以实现对运输经济政策的有效执行和实施效果的监测和评价。定期召开评估会议、进行现场检查、开展统计分析、建立举报机制和定期发布评估报告等手段的应用，可以及时发现问题、及时调整政策，确保政策的落地和实施效果，为运输经济的可持续发展提供有力支持。

（四）决策和执行的衔接

1.建立沟通机制

为了实现决策和执行的有效衔接，首先需要建立起相关部门与政府之间的沟通机制。这意味着政府决策部门和执行部门之间应建立定期沟通的渠道，包括会议、报告和信息交流等形式，确保双方及时了解对方的需求和要求。通过沟通机制，决策部门可以向执行部门传达政策意图和目标，而执行部门则可以向决策部门反馈实施进展和问题，实现信息的双向流动。

2.制订详细实施方案

一旦政府做出运输经济政策的决策，相关部门应立即启动制订详细的实施方案。实施方案应包含具体的工作任务、时间安排、责任分工、资源支持等内容，以确保政策能够顺利执行。在制定方案过程中，相关部门应充分考虑政策的可行性和执行的难度，确保方案的可操作性和实效性。同时，与决策部门保持紧密联系，及时协商和沟通，以获取必要的支持和指导。

3.加强组织协调

为了将决策和执行衔接起来，相关部门需要加强组织协调。这意味着各个执行部门之间要加强合作与协调，避免信息壁垒和工作重复。相关部门可以建立联席会议、工作小组或专门的协调机构，负责协调和整合各自的工作。此外，还需要做好内外部的沟通与协调，与社会各界、行业协会、企业和公众等建立良好的合作关系，形成多方参与、共同推进的工作局面。

4.资源保障

决策和执行的衔接也需要有充足的资源保障。相关部门需要向政府申请必要的人力、物力、财力等资源支持，以保证政策的顺利实施。同时，还需要在资源配置过程中注重效益最大化和优化资源配置，确保资源能够得到有效利用，提高政策执行的效率和效果。如果在实施过程中出现资源短缺或分配不均等问题，相关部门应及时向决策部门汇报，并相互协商寻找解决办法。

5.监督和评估

决策和执行衔接的最后一环是监督和评估。相关部门应建立完善的监督机制，对政策执行过程进行监督，并及时采取措施解决问题。在政策执行的不同阶段，相关部门还应进行定期的评估，以评估政策实施的效果和成效，并及时调整政策和执行方案。监督和评估的结果应向决策部门反馈，为决策提供参考和依据，形成决策和执行的良性互动循环。

通过以上措施的实施，可以实现决策和执行的有效衔接，将政府的决策意图和要求转化为具体的行动方案和工作任务。建立沟通机制、制订详细实施方案、加强组织协调、资源保障和监督评估等措施的应用，可以确保政策能够顺利实施，最大限度地实现政策目标，为国家运输经济的发展提供有力支持。

（五）信息共享和协同合作

1.建立信息共享平台

为了实现信息共享和协同合作，相关部门可以建立一个统一的信息共享平台。该平台可以用于收集、整合和传输各个部门的数据、报告和信息，使得各个部门之间能够及时获取到有关政策执行的最新情况和信息。平台应具备安全、稳定、高效的特性，支持多方参与和多种数据格式的交互，以实现信息的快速流通和共享。

2.定期召开会商会议

为了促进部门之间的协同合作，可以定期召开会商会议。会议可以由政府主导，并邀请相关部门的负责人和专家参加。会商会议的目的是就政策执行中的问题和挑战进行讨论和解决。会议可以提供一个平台，让各个部门交流意见和经验，协商解决方案，达成共识。通过会商会议，不仅可以加强部门之间的沟通和协作，还能够及时纠正错误、调整策略，提高政策执行的准确度和效果。

3.加强跨部门团队合作

为了实现信息共享和协同合作的目标，相关部门应加强跨部门的团队合作。可以组建跨部门的工作小组或专题组，由各个部门的代表组成，共同负责政策执行的相关工作。跨部门团队应具备一定的权责和决策权限，能够协调解决各个部门之间的利益冲突和合作难题。通过跨部门团队的合作，可以加强部门之间的信息共享和工作协调，提高政策执行的整体性和效率。

4.建立联络人制度

为了加强信息共享和协同合作，相关部门可以建立联络人制度。每个部门可以指派一名负责人作为联络人，负责与其他部门保持联系和沟通。联络人可以及时了解其他部门的需求和情况，并及时将信息传达给本部门。通过联络人制度，可以促进部门之间的密切联系和有效沟通，推动信息的流通和工作的协同。

5.加强信息安全和保密

在信息共享作的，相关部门要注意加强信息的安全和保密。政府可以制定相关的法律法规和保密制度，明确信息共享的范围和权限，确保敏感信息不被泄露或滥用。同时，相关部门要加强信息系统的安全防护和监控，确保信息传输过程中的安全和可靠性。只有保证信息的安全和保密，才能够促进各个部门之间的信任与合作。

通过建立信息共享平台、定期召开会商会议、加强跨部门团队合作、建立联络人制度以及加强信息安全和保密等措施，可以实现国家运输经济政策的信息共享和协同合作。这样一来，各个部门之间能够及时获取到有关政策执行的信息和数据，有效协调工作，推动政策的顺利实施，为国家运输经济的发展提供有力支持。

（六）监督和惩处机制

1.健全监督机制

为了实施监督和惩处，相关部门应该建立健全的监督机制。监督机制可以包括设立专门的监察部门或机构，负责对运输经济政策执行的过程进行监督和检查。监察部门可以通过检查记录、采集数据、抽查核实等方式，对相关企业和个人的行为进行监督，确保他们遵守政策规定和法律法规。此外，还可以设立举报电话或举报平台，鼓励公众积极参与监督和举报不法行为。

2.加强执法力度

为了有效打击违法行为，相关部门需要加强执法力度。可以加大执法人员的培训和配备力度，提高他们的执法水平和专业素养。同时，可以加强执法团队的协作和合作，加大对违法行为的巡查和打击力度。相关部门可以依法对违法行为进行调查、取证、处罚和追责，确保政策的执行得到有效落实。

3.惩处违法

对于违反国家运输经济政策的行为，相关部门应该实施严厉的惩处措施。可以依法对违法行为进行行政处罚、经济处罚或刑事追责，以起到震慑和警示的作用。同时，可以采取吊销或限制相关企业的运输经营许可证、资质证书等措施，禁止其参与运输市场。对于涉嫌犯罪的行为，相关部门可以移交给司法机关进行侦查和起诉，依法追究刑事责任。

4.建立黑名单制度

为了加强对违法行为的管理和监督,可以建立黑名单制度。该制度可以记录和公示那些违反运输经济政策的企业和个人,使得他们受到社会舆论和市场的约束。黑名单制度可以与相关部门的信息共享平台相连,确保黑名单信息的及时更新和传播。同时,可以限制黑名单企业和个人的参与运输市场,从根本上防止违法行为的再次发生。

5.完善举报奖励制度

为了激励公众积极参与监督和举报不法行为,可以完善举报奖励制度。对于提供有效线索和证据,协助打击违法行为的举报人,可以给予一定的经济奖励或保护措施。这样可以增加公众对违法行为的监督和举报意愿,形成全社会共同参与治理的局面。

通过建立健全的监督机制、加强执法力度、惩处违法行为、建立黑名单制度以及完善举报奖励制度等措施,可以有效推动国家运输经济政策的规范执行,并维护市场秩序和社会稳定。同时,这也能够营造一个公平、透明、有序的运输市场环境,促进整个运输经济的健康发展。

第二章 运输市场分析

第一节 运输市场的基本特征

一、供需关系的决定性作用

（一）供给方的作用

供给方在运输市场中扮演着至关重要的角色。他们是运输服务的提供者，包括各类运输企业、个体运输车辆等。供给方的数量和质量直接影响着市场的供给量和效率。

（1）供给量的决定：供给方决定了市场上可供应的运输服务的数量。不同的供给方拥有不同的运力和能力，通过运输设备、车辆和人员等资源来提供运输服务。供给方根据市场需求和自身能力做出供给量的决策，如增加车辆投入、扩大服务范围等。

（2）运输服务质量：供给方还对运输服务的质量负责。他们需要确保货物在运输过程中的安全、准时和完整，并提供良好的客户服务。供给方通过不断提升自身的管理水平、技术能力和服务态度，提高运输服务的质量，以满足需求方的要求。

（3）资源配置的效率：供给方的规模和结构也会影响资源的配置效率。与合作之间形成了一个动态的资源配置过程。竞争促使供给方改进管理、降低成本，提高效率；而合作则可以实现资源的共享和优化，提升整体的服务能力和效果。

（二）需求方的作用

需求方在运输市场中扮演着另一个重要角色。他们是运输服务的需求者，包括生产企业、物流公司、个人客户等。需求方的需求量和特点直接影响着市场的需求变化和定价机制。

（1）需求量的决定：需求方的需求量决定了市场上对运输服务的需求。需求方根据自身的生产和消费需求，决定是否需要购买相应的运输服务。需求量的变化与经济发展、行业需求等密切相关，如市场扩大、订单增加会导致需求量上升，而经济衰退、需求萎缩会导致需求量下降。

（2）运输服务特点的需求：不同的需求方对运输服务的需求也存在差异。生产企业可能更关注运输服务的准时性和安全性，以确保生产计划的顺利进行；物流公司则更关注运输服务的灵活性和可管理性，以满足不同客户的需求；个人客户则可能更看重运输服务的便捷性和价格合理性。

（3）对价格的敏感度：需求方对价格的敏感度也是运输市场中需要考虑的因素。价格的高低会影响需求方的购买决策，高价格可能导致需求减少或转向其他替代品或竞争对手，低价格可能吸引更多需求方选择该运输服务。

（三）供需动态平衡与价格形成

在运输市场中，供给方和需求方之间的供需关系直接决定了市场价格的形成和供给量的变化。

（1）供需关系的动态平衡：供给量和需求量的不断变化会使供需关系发生改变。当供给量大于需求量时，市场上会出现供过于求的情况，价格可能下降；而当需求量大于供给量时，市场会出现供不应求的情况，价格可能上升。供需关系的动态平衡是通过价格调节来实现的。

（2）价格的竞争性和弹性：由于运输市场的竞争激烈，供给方之间存在着价格竞争。不同的供给方通过价格调整来吸引更多的需求方选择自己的服务。同时，需求方对运输服务价格的敏感性较高，价格的弹性也较大。当价格上涨时，需求方可能会减少运输需求或寻找替代的运输方式；而当价格下降时，需求方可能会增加运输需求或转向更便宜的运输企业或个体车辆。

（3）价格形成的综合因素：价格形成除了供需关系的影响外，还受到其他因素的综合影响，如成本因素、竞争环境、政府政策等。供给方的成本、利润预期等会对价格形成产生影响；市场竞争程度和市场结构也会影响价格形成的强度和速度；政府政策的调控与干预也可能对价格形成产生一定影响。

二、价格的竞争性和弹性

（一）竞争性价格的意义

竞争性价格在运输市场中具有重要的意义，它可以促进市场竞争、激发供需双方的活力，并且对于市场的健康发展和效率提升起到了积极的作用。

（1）促进市场竞争：竞争性价格能够激发供给方之间的竞争。不同的运输企业或个体车辆通过调整价格来争夺需求方的订单，使市场中存在多个供给方提供竞争性的运输服务。竞争促使供给方努力提高自身的服务质量、降低成本，从而更好地满足需求方的需求。

（2）提高市场效率：竞争性价格可以提高运输市场的效率。供给方在竞争中寻求降低成本的方式，如提高运输效率、优化资源配置等，以保持竞争力。需求方也会因为价格的竞争而获益，可以选择更具性价比的运输服务，或者根据价格变化进行调整，从而实现更有效的成本控制和资源利用。

（3）促进技术创新和进步：竞争性价格可以激发供给方进行技术创新和进步。为了提供更具竞争力的运输服务，供给方可能不断改进运输设备、引入新技术、提升管理水平等，从而推动整个行业的技术进步和发展。

（二）需求方对价格的敏感度

需求方对于运输服务价格的敏感度较高，这是因为运输服务在需求方的生产和生活中扮演着重要的角色，并且价格对需求方的决策有着直接的影响。

（1）价格对需求量的影响：需求方对价格的变化非常敏感，价格的上涨或下跌都会对需求量产生直接的影响。当价格上涨时，需求方可能会因为成本上升而减少运输需求，或者寻找替代的运输方式；而当价格下跌时，需求方可能会增加运输需求，或者转向更便宜的运输企业或个体车辆。

（2）需求弹性的存在：需求方对于价格变动的反应程度称为需求的弹性。运输市场中的需求弹性通常较大，即需求方对价格变化的敏感程度较高。这意味着需求方在面对价格调整时有较大的选择权，他们可以根据价格的变化来进行需求量的调整，以最大限度地满足自身利益。

（3）价格弹性的决定因素：需求方对价格的弹性受到多个因素的影响。其中包括替代品的可用性和价格、需求方的收入水平、需求方对产品或服务的重要程度等。当替代品较多且价格相对较低时，需求方对价格的弹性会更高；而当需求方的收入水平较低或者需求方对产品或服务的重要程度较高时，需求对价格的弹性也较高。

（三）价格竞争的影响

价格竞争在运输市场中会产生一系列的影响，这些影响涉及供给方、需求方以及整个市场的运行机制。

（1）供给方的竞争行为：价格竞争促使供给方不断努力提高自身的服务质量和效率，以吸引更多的需求方选择其运输服务。供给方可能通过降低价格、优化运输方案、提高准时性等措施来增加自身的竞争力。

（2）市场份额的变动：价格竞争可能导致供给方之间市场份额的变动。供给方通过价格调整来争夺需求方的订单，较具竞争力的供给方可能会吸引更多的需求方选择,从而扩大其市场份额。相反,不具备竞争力的供给方可能会失去订单,市场份额可能会下降。

(3)市场价格的动态调整:供给方之间的价格竞争对市场价格产生直接影响。供给方通过价格的上涨或下跌来吸引或挤压需求方的选择。价格的动态调整可以使市场价格在一定范围内保持相对稳定,根据供需关系的变化进行适时调整。

(4)市场效率和资源配置优化:价格竞争有助于提高市场效率和优化资源配置。供给方通过竞争性价格来优化自身的运营成本和利润水平,从而实现更高效的资源配置。需求方通过选择具有竞争力的运输服务来满足自身需求,实现成本控制和资源利用的优化。

(四)价格竞争策略

为了在运输市场中获得竞争优势,供给方可以采取一些价格竞争策略,以吸引更多的需求方选择自己的运输服务。

(1)价格差异化策略:供给方可以通过调整价格来与竞争对手进行差异化。他们可以降低价格以吸引更多的需求方选择,也可以提高价格以实现高品质和高附加值的定位,满足其特定的需求。

(2)定价灵活策略:供给方可以根据市场需求和竞争状况采取不同的定价策略。例如,可以采取阶梯式定价,根据不同的运输需求或服务等级制定不同的价格;或者可以采取动态定价策略,根据市场供需变化进行适时的价格调整。

(3)促销和折扣策略:供给方可以通过促销和折扣等方式来吸引需求方选择自己的运输服务。例如,提供首单优惠、长期合作客户的优惠价格、季节性折扣等,以增加需求方对自己的选择意愿。

(4)品牌战略:供给方可以通过打造品牌形象来吸引需求方的选择。建立良好的企业形象、提供可靠的运输服务、提升客户满意度等,可以增强供给方的品牌影响力,从而在价格竞争中获得更多的竞争优势。

(五)政府监管和价格竞争

在价格竞争中,政府的监管与干预起到了重要的作用,以确保市场的公平竞争和供需双方的利益平衡。

(1)反垄断和反不正当竞争:政府通过反垄断和反不正当竞争法律法规对价格竞争进行监管。它们旨在防止市场中出现垄断行为或者不正当的竞争行为,保护供需双方的合法权益,维护市场的公平竞争环境。

（2）价格调控和干预：政府可以根据市场情况，通过价格调控和干预来影响运输市场的价格竞争。这可能包括对价格上限和下限的设定、价格监测和预警机制的建立等措施，以平衡市场供需关系，维护市场价格的稳定。

（3）提供公共服务和基础设施：政府还扮演着提供公共服务和基础设施的角色，以支持运输市场的良好发展。这包括投资和建设交通基础设施、加强物流配送网络的建设、提供相关的政策支持等，以提高运输效率和降低成本，为价格竞争创造良好的条件。

三、多元化的运输服务

（一）多元化运输服务的意义

多元化的运输服务对于运输市场和需求方来说都具有重要的意义。

（1）满足不同需求：不同的货物或需求方对于运输服务的需求各不相同。一些货物可能需要快速可靠的物流配送服务，而另一些货物可能更适合通过水路或铁路进行长距离运输。多元化的运输服务可以满足这些不同需求，提供多样化的选择，确保货物能够以最合适的方式进行运输。

（2）提高运输效率：多元化的运输服务可以提高运输效率。不同的运输方式和服务类型在运输过程中有着不同的优势和适应能力。通过选择最适合的运输方式和服务类型，可以达到更高效的货物运输，减少时间和成本的浪费。

（3）促进经济发展：多元化的运输服务对于经济发展起到了促进作用。它可以促进商品和信息的流动，在不同地区之间建立起联系，推动产业链的完善和扩展。通过提供多样化的运输服务，可以加强供需双方的互动，促进市场的繁荣与发展。

（二）不同运输方式的特点和适用场景

（1）陆路运输：陆路运输包括公路运输和铁路运输。公路运输具有灵活性高、时效性好的特点，适用于短途或小批量货物的运输。铁路运输则具有运力大、适应能力强的特点，适用于长距离或大批量货物的运输。

（2）水路运输：水路运输主要通过船舶进行，适用于大宗货物或远距离运输。水路运输具有运输能力大、成本相对较低的优势，但速度较慢。水路运输适用于需要跨越海洋或河流等水域的货物运输。

（3）空运：航空运输具有速度快、时效性好的特点，适用于紧急货物或需要迅速到达目的地的情况。航空运输的成本相对较高，适用于高价值货物或需求迅速的市场。

（三）不同运输服务类型的特点和适用场景

（1）整车运输：整车运输是指一辆车或一个集装箱专门为一个客户或一批货物提供运输服务。这种运输方式适用于大批量货物或对运输时间要求较为紧迫的情况。

（2）零担运输：零担运输是指将不同客户或货物的运输进行整合，共享一辆车或一个集装箱进行集中运输。这种运输方式适用于少量货物或需求灵活、成本较低的情况。

（3）快递运输：快递运输是指通过专门的快递公司提供的快速配送服务。这种运输方式适用于小件货物或对寄送时间要求较为紧急的情况。

（4）物流配送：物流配送是指将不同地点的货物进行集中分拨和配送的服务。这种运输方式适用于复杂的供应链运作或需求方对供应链管理有较高要求的情况。

（四）多元化运输服务的挑战和应对策略

多元化的运输服务也面临一些挑战，需求方和供给方需要采取相应的应对策略。

（1）信息不对称：不同运输方式和服务类型的信息可能不够透明，需求方难以全面了解各种选择的优缺点。供给方可以加强宣传和信息披露，提供详尽的运输方案和服务说明，以便需求方能够做出更明智的选择。

（2）运输成本：不同运输方式和服务类型的成本差异较大，需求方需要综合考虑运输时间、货物特性、目的地等因素进行选择。供给方可以通过提高运输效率、优化资源配置等方式降低成本，并提供灵活定价的策略满足需求方的需求。

（3）跨区域和国际运输：跨区域和国际运输面临的法律法规、物流环节等各种复杂因素较多。供给方可以加强合作与联盟，提供一站式的跨区域和国际运输解决方案，降低需求方在运输过程中的风险和成本。

（五）政府支持多元化运输服务的措施

政府在多元化运输服务方面可以采取以下措施。

（1）优化运输基础设施建设：政府可以加大对陆路、水路、铁路、航空等运输基础设施的投资和建设，提升运输能力和效率，为多元化的运输服务提供支持。

（2）推动运输市场的开放和竞争：政府可以促进运输市场的开放和竞争，鼓励更多的运输企业参与市场竞争，提供多元化的运输服务选择。

（3）提供相关政策支持：政府可以制定相应的政策法规，为多元化的运输服务提供支持。例如，减免税费、优惠政策、技术研发资金的支持等，鼓励企业开展创新和提供多样化的运输服务。

（4）加强监管和服务质量管理：政府可以加强对运输市场的监管和服务质量管理，确保供给方提供的运输服务符合相关标准和规定，保障需求方的权益和利益。

四、市场信息的不对称性和不完全性

（一）市场信息不对称性的影响

（1）定价不合理：供给方具有更多的市场价格信息，可以根据市场需求和运力情况进行定价策略调整。而需求方由于信息不对称，可能难以获取准确的市场价格信息，导致无法获得公平的价格，甚至可能被供给方操纵定价。

（2）质量选择困难：市场信息不对称使得需求方难以了解供给方提供的服务质量、安全性等方面的信息。需求方在选择供给方时可能面临质量选择困难，无法准确评估不同供给方的服务水平，增加选择成本和风险。

（3）市场准入壁垒：供给方更容易获取市场的信息，从而掌握市场需求和运力的变化情况。这使得已经进入市场的供给方占据优势地位，而新参与者很难获得准确的市场信息，增加了他们进入市场的难度和成本。

（二）市场信息不完全性的影响

（1）不确定性加大：运输市场的复杂性和变动性使得市场信息的完整性受到挑战。不完全的市场信息可能导致供给方和需求方在决策和选择时面临更多的不确定性和风险，因为他们无法获得市场的全部信息，难以预测市场的变化趋势和需求的变化。

（2）市场竞争受阻：缺乏完整的市场信息可能导致市场竞争的不充分。由于市场参与者只能凭有限的信息进行决策，供给方难以了解市场的需求动态，无法实时调整产品和服务策略，从而限制了市场的竞争程度，影响了供需双方的利益。

（3）市场效率低下：市场信息的不完全性可能导致资源配置不合理和市场效率低下。由于参与者无法全面了解市场的供需状况和价格变动，供需失衡或优势资源的浪费等问题可能出现，影响整个市场的运行效率。

（三）应对市场信息不对称性和不完全性的策略

（1）政府监管：政府可以加强对运输市场的监管，确保市场信息的公平、透明和准确。例如，制定相关法规和标准，要求供给方向公众披露必要的市场信息，提高市场的透明度。

（2）信息共享和协作：供给方和需求方可以加强信息的共享和协作，建立良好的合作关系。供给方可以通过公开透明的渠道向需求方提供市场价格、运力等相关信息，使需求方能够在平等的基础上进行选择和决策。

（3）第三方服务机构：引入第三方服务机构，如运输中介或评估机构，提供中立的市场信息和评估报告，帮助需求方获取准确的市场信息，提供专业的市场咨询和建议。

（4）技术应用：借助信息技术的发展，可以通过建立在线平台或系统来提供全面的市场信息。供给方和需求方可以通过这些平台交流信息、发布需求和供应信息，实现信息的对等和共享。

（四）加强市场教育和培训

供给方和需求方可以加强自身的市场教育和培训，提高市场信息的获取和分析能力。供给方可以培养市场营销和信息披露的意识，向需求方提供清晰准确的市场信息。需求方可以加强市场调研和分析能力，提高对市场信息的理解和利用程度。

（五）市场信息不对称性和不完全性的挑战和未来趋势

（1）数据隐私和信息安全：随着信息技术的快速发展，数据隐私和信息安全成为市场信息不对称性和不完全性面临的重要挑战。供给方和需求方在共享和传输敏感的市场信息时需要加强数据安全保护，减少信息泄露和操纵的风险。

（2）区块链技术的应用：区块链技术具有去中心化、不可篡改等特点，可以提供更安全、可信的信息交换平台，有望解决市场信息不对称性和不完全性的问题。通过区块链技术，供给方和需求方可以直接交换信息，实现信息的真实性和可追溯性。

第二节 运输需求与供给的分析方法

一、定性分析方法

（一）调研和问卷调查

调研和问卷调查是获取运输需求和供给信息的重要方法。通过开展调研活动和设计问卷,可以深入了解用户的需求和对运输服务的评价,同时也可以探索市场的发展趋势和变化。

在调研过程中,可以采用多种方式与受访者进行交流,包括面对面访谈、电话访问、网络调查等。通过个别访谈或小组讨论,可以深入了解用户对于不同运输方式(如公路运输、铁路运输、航空运输等)的需求,以及对于服务质量、价格等方面的期望和评价。问卷调查可以广泛收集大量用户反馈,包括用户的出行频次、运输需求的类型、对于不同运输服务的满意度等。

调研和问卷调查的结果可以提供很多有价值的信息。首先,可以了解不同地区、不同群体的运输需求特点,从而为企业制定差异化的服务策略提供依据。其次,通过分析用户的评价和期望,可以发现市场存在的问题和改进的空间,为企业提供改善服务质量和用户体验的方向。此外,问卷调查还可以了解用户对于价格敏感程度、支付意愿等信息,为企业定价策略的制定和调整提供参考依据。

(二)竞争对手分析

竞争对手分析是运输需求与供给分析中的重要环节。通过对竞争对手的市场表现、服务特点、定价策略等进行分析,可以了解市场上已有的供给情况和竞争态势,从而为需求和供给的分析提供参考。

分析竞争对手的市场表现可以了解其在市场上的地位和发展趋势。可以通过研究竞争对手的营业额、市场份额、增长率等指标,评估其在市场中的竞争力和影响力。同时,还可以分析竞争对手的服务特点和运输网络覆盖范围,了解其在不同领域或地区的优势和弱点。

对竞争对手的定价策略进行分析可以揭示市场上的价格水平和变动趋势。通过研究竞争对手的定价方式、价格弹性等,可以了解市场对于价格的敏感程度和竞争对手的定价策略是否合理。同时,还可以通过分析竞争对手的优惠政策、折扣活动等,了解其在市场中的定价策略和市场份额的变化。

竞争对手分析可以帮助企业了解市场上已有的供给情况和竞争态势,从而为企业的决策提供参考依据。通过与竞争对手的比较和分析,企业可以发现自身的优势和劣势,进一步制定差异化的服务策略,提高自身在市场中的竞争力。

(三)监测和统计数据分析

监测和统计数据分析是获取运输需求和供给信息的重要手段。通过利用相关的监测和统计数据,如运输行业协会发布的市场数据、政府统计局发布的运输运行数据等,对市场需求和供给进行分析,可以了解市场的发展状况和趋势。

通过分析市场的变化趋势，可以了解市场的发展方向和速度。可以通过观察运输需求和运输量的变化情况，评估市场的潜在增长空间和发展趋势。同时，还可以通过分析市场份额、竞争格局等指标，了解市场上供给方的分布情况和市场份额的变动。

通过分析监测和统计数据的增长率，可以了解市场的增长速度和潜力。可以通过观察运输需求和供给的增长率，判断市场的发展态势和市场容量的扩大程度。同时，还可以对不同地区、不同领域的运输需求和供给进行比较，找出市场需求和供给的结构差异和变化趋势。

监测和统计数据分析是十分重要的，它提供了客观的市场信息和数据支撑，能够帮助企业了解市场的发展状况和趋势，为企业的决策提供参考依据。同时，还可以通过监测数据的分析，及时发现市场中的供需失衡情况和需求方向的变化，为企业的调整和创新提供参考。

二、定量分析方法

（一）需求预测模型

需求预测模型是定量分析中的一种重要方法，通过建立数学模型来预测未来需求的规模、结构和变化趋势。常用的需求预测方法包括回归分析、时间序列分析和市场调查等。

回归分析是一种建立变量之间关系的统计方法，可以通过分析历史数据来确定需求与影响因素之间的关系，并建立回归方程进行预测。例如，可以将某个运输需求指标（如货物运输量）作为因变量，其他相关因素（如经济增长率、人口规模等）作为自变量，利用回归模型进行预测。

时间序列分析是基于时间序列数据进行预测的一种方法，适用于具有趋势、季节性等特征的数据。可以通过分析历史数据的周期性、趋势性和随机性，选择合适的时间序列模型（如ARIMA模型、指数平滑模型等），进行未来需求的预测。

市场调查是通过问卷调查、面访等方法收集用户意见和反馈，了解用户对于不同需求因素的评价和期望。通过对市场调查数据的分析，可以得到用户对于不同运输服务的需求量、价格敏感度、服务质量的要求等信息，为需求预测提供参考。

（二）供给方分析

供给方分析是对运输供给方的运力、网络覆盖、服务能力等进行量化分析的方法，以了解供给方的实力和竞争优势。

在供给方分析中，可以统计和比较不同运输企业的规模、车辆数、线路覆盖范围、运输能力等指标。通过对这些指标的分析，可以评估不同供给方的运输实力和资源配置情况，进而判断其在市场中的竞争优势和市场份额。

此外，还可以通过对供给方的服务能力进行分析，如运输时间、安全性、准时率等指标。通过对这些指标的量化评估，可以比较不同供给方的服务质量，为需求方选择合适的供给方提供参考。

供给方分析能够帮助需求方了解市场上已有供给方的情况，从而根据自身需求特点和供给方的优势，选择合适的供给方合作，提高运输效率和服务质量。

（三）成本效益分析

成本效益分析是一种评估不同供给方的经济效益的方法，通过比较不同供给方的成本投入和运输服务质量之间的关系，为需求方选择合适的供给方提供参考。

成本效益分析可以通过计算成本指标和效益指标来评估供给方的经济效益。成本指标可以包括单位运输成本、运载效率等，而效益指标可以包括运输时间、安全性等。

通过计算单位运输成本（例如，每吨货物的运输成本）可以比较不同供给方的成本水平，从而了解供给方的经济实力和竞争优势。同时，运载效率的评估可以衡量供给方在单位时间内完成的运输任务数量，为需求方了解供给方的运输能力提供参考。

此外，效益指标的评估也是成本效益分析中的重要内容。通过比较不同供给方的运输时间、安全性等指标，可以评估其服务质量，为需求方选择合适的供给方提供参考。

成本效益分析可以帮助需求方综合考虑成本与效益的关系，并选择最具经济效益的供给方。

三、供需平衡分析方法

（一）市场需求与供给对比分析

市场需求与供给对比分析是供需平衡分析的关键步骤，通过比较市场需求和供给的量、结构和地域分布等，来评估市场的供需平衡情况。

需要收集和分析市场需求的相关数据，包括市场规模、市场增长率、市场结构等。可以通过市场调查、问卷调查等方法获取这些数据。同时，还需要了解市场供给的情况,包括供给企业的规模、产能、产品结构等。

然后,对市场需求和供给进行对比分析。将市场需求的总量与供给的总量进行对比,了解市场的供需关系。如果市场需求大于供给,则表明市场存在供给不足的情况;如果市场需求小于供给,则表示市场存在供给过剩的情况。此外,还需分析市场需求和供给的结构和地域分布,判断是否存在某些产品或区域的供需失衡情况。

通过市场需求与供给对比分析,可以帮助市场参与者了解市场的供需状况,发现供需失衡问题,并采取相应的调整措施,以实现市场的供需平衡。

(二)弹性分析

弹性分析是供需平衡分析中的重要方法,通过分析需求和供给的价格弹性、收入弹性等,了解各个因素对市场的影响程度和市场的灵活性。

需求的价格弹性表示需求对价格变动的敏感程度。如果需求的价格弹性大于1,则需求对价格变动较为敏感,需求量会随价格变动而有较大变化;如果需求的价格弹性小于1,则需求对价格变动不敏感,需求量变化较小。

供给的价格弹性则表示供给对价格变动的回应程度。如果供给的价格弹性大于1,则供给对价格变动较为敏感,供给量会随价格变动而有较大变化;如果供给的价格弹性小于1,则供给对价格变动不敏感,供给量变化较小。

此外,还可以分析需求和供给的收入弹性,即需求和供给对收入变动的敏感程度。收入弹性大于0表示需求或供给对收入变动敏感,收入增加会增加需求或供给量;收入弹性小于0表示需求或供给对收入变动不敏感,收入增加不会显著影响需求或供给量。

通过弹性分析,可以了解需求和供给对价格和收入变动的反应程度,为市场调整和政策制定提供依据,以维持市场的供需平衡。

(三)市场需求与供给预测

市场需求与供给预测是供需平衡分析的重要环节,通过建立需求和供给的预测模型,进行未来市场需求与供给的预测,分析市场的发展趋势和可能出现的供需失衡情况。

在市场需求的预测中,可以利用历史数据和市场调研结果,建立趋势分析模型、时间序列模型等,预测市场需求的规模、增长率和结构的变化。同时,还需考虑外部环境因素(如经济发展、人口变化等)对需求的影响。

在市场供给的预测中,可以通过对供给企业的投资规模、产能扩张计划等进行分析,预测未来供给的增长趋势和变化。同时,还需考虑供给方面的技术进步、市场竞争等因素对供给的影响。

通过需求和供给的预测，可以判断未来市场的供需平衡情况。如果预测结果显示供需失衡的趋势，需求方和供给方可以及时调整投资规模、运力配置或需求规模等，以维持市场的供需平衡。

四、市场竞争分析方法

（一）市场份额分析

市场份额分析是市场竞争分析的重要方法之一，通过计算不同供给方的市场份额，评估供给方在市场中的竞争地位和市场表现。

需要收集各个供给方的销售额或销售量等相关数据。可以通过市场调查、企业报告、行业研究等方式获取这些数据。然后，根据各个供给方的销售额或销售量，计算其在市场总体中的市场份额。市场份额可以按销售额或销售量进行计算，也可以按市场规模进行计算。

通过市场份额的分析，可以了解各个供给方在市场中的相对地位和竞争力。如果某个供给方的市场份额较大，说明其在市场中占据较大的份额，具有较高的市场竞争力；相反，如果某个供给方的市场份额较小，则说明其在市场中的竞争地位相对弱。

对于供给方来说，通过市场份额分析可以了解自身在市场中的表现，并对比其他竞争对手的表现。如果发现自身的市场份额下降，可能意味着竞争对手的市场份额增长，需要及时采取调整措施，提升自身的市场竞争力。

（二）SWOT分析

SWOT分析是一种常用的市场竞争分析方法，通过对供给方和需求方的优势、劣势、机会和威胁进行分析，了解市场竞争环境和各参与方的竞争优势。SWOT分析包括四个方面。

优势（Strengths）：评估供给方的核心竞争优势，例如技术领先、品牌知名度、高质量产品等。优势可以是供给方内部的资源和能力，也可以是外部环境带来的机会。

劣势（Weaknesses）：评估供给方的不足之处，例如产品质量不稳定、生产成本高等。劣势可以是供给方内部存在的问题和挑战。

机会（Opportunities）：评估市场中存在的有利机会，例如市场增长潜力、新兴市场的开拓等。供给方可以通过抓住机会，实现市场份额增长和市场扩展。

威胁（Threats）：评估市场中存在的潜在威胁，例如竞争加剧、法规政策变化等。供给方需要警惕并应对这些威胁，保持竞争优势。

通过SWOT分析，供给方可以全面了解市场竞争环境以及自身的优势和劣势，以及面临的机会和威胁。根据分析结果，供给方可以制定相应的营销策略和发展方向，提高市场竞争力和适应市场变化。

（三）客户满意度调查

客户满意度调查是市场竞争分析中的重要方法之一，通过对运输服务用户的满意度进行调查，了解用户对供给方的评价和需求方向的改进建议。

在进行客户满意度调查时，可以设计问卷或进行个别访谈，收集用户对供给方的服务质量、产品质量、交付时间等方面的评价。同时，还可以了解用户对竞争对手的评价和比较。

通过客户满意度调查，可以评估供给方的服务质量和竞争优势。如果用户满意度较高，说明供给方的服务质量和产品质量良好，拥有竞争优势；如果用户满意度较低，则需要思考改进点，并优化服务和产品。

此外，客户满意度调查还可以帮助供给方了解用户的需求和期望，根据用户的反馈意见，进行改进和创新。通过满足用户的需求，提高用户满意度，供给方可以在市场竞争中获得优势。

第三节 运输价格与收费机制

一、运输价格的确定

（一）成本因素

成本是确定运输价格的关键因素之一。运输企业需要考虑多个方面的成本，以确保运输服务的持续性和盈利能力。以下是一些常见的成本因素。

（1）燃料成本：运输过程中的燃料成本是一个重要的成本项。燃料价格的波动直接影响着运输企业的成本，尤其对于长途运输来说，燃料成本占据了较大的比例。

（2）车辆维护费用：运输企业需要定期对车辆进行维护和保养，以保证车辆的正常运行和安全性。车辆维护费用包括保养、更换零部件、维修等，这些费用会直接增加运输企业的成本。

（3）人工成本：人工成本是运输企业的重要成本之一，包括车辆驾驶员的工资和福利待遇。运输企业需要合理确定驾驶员的工资水平，同时提供合理的福利待遇，以确保驾驶员的工作积极性和稳定性。

（4）固定成本：除了变动成本，运输企业还有一些固定成本需要考虑，如车辆折旧、保险费用、管理费用等。这些成本是与运输服务相关的固定费用，需要纳入运输价格的成本计算中。

（二）市场需求

市场需求是运输价格确定的重要因素之一。运输企业需要根据市场对运输服务的需求情况来确定价格，以保持市场竞争力。以下是市场需求对运输价格的影响方面。

（1）市场需求量：市场需求量的多少直接影响供给方的定价策略。如果市场需求量大，供给方可以相应提高价格以获取更高的收益；如果市场需求量不足，供给方可能会降低价格以吸引更多的用户。

（2）市场特点：不同的市场可能有不同的特点，例如市场竞争状况、市场集中度、市场准入门槛等。运输企业需要了解市场的特点，以便制定适合的价格策略。

（3）季节性需求变化：一些运输服务可能存在季节性需求变化，例如旅游旺季、节假日等。供给方需要根据季节性需求变化来调整价格，以满足市场需求。

（三）竞争状况

竞争状况是影响运输价格的重要因素之一。供给方在制定价格策略时需要考虑竞争对手的服务品质、价格水平以及市场份额等因素。以下是竞争状况对运输价格的影响方面。

（1）服务品质：运输企业通过提供优质的服务来获得市场竞争力。如果供给方的服务品质较高，消费者愿意支付更高的价格以获取更好的服务体验。

（2）价格水平：竞争对手的价格水平也会影响供给方的定价策略。如果竞争对手的价格较低，供给方可能会降低价格以吸引更多用户；反之，如果竞争对手的价格较高，供给方可能会相应提高价格以保证盈利。

（3）市场份额：竞争对手的市场份额和市场占有率也会影响供给方的定价策略。供给方需要考虑自身的市场地位和竞争对手的市场份额，以确定合适的价格水平。

（四）政府政策

政府对运输价格的管理和规范也是影响运输价格的因素之一。政府可能会制定价格上限、价格下限或其他价格管制措施,以确保运输价格的合理性和公平性。以下是政府政策对运输价格的影响方面。

(1)价格监管:政府可能会对运输价格进行监管和管理,制定相应的政策和法规。政府的价格监管措施会对运输价格的确定产生直接影响。

(2)补贴政策:政府可能会通过补贴手段来降低运输价格,以促进经济发展和社会利益。供给方需要了解和参与政府的补贴政策,以适应政策变化并合理确定价格。

(3)监督和执法:政府对运输市场的监督和执法也会影响运输价格的确定。政府可能会对价格垄断、价格欺诈行为进行打击,维护市场的公平竞争环境,从而对运输价格产生影响。

二、运输收费机制

(一)固定费用

固定费用是一种常见的运输收费机制,供给方根据一定的标准收取固定的费用,与运输距离和货物数量无关。这种收费机制适用于一些固定线路和固定服务内容的运输。

例如,一些城市公交车、地铁等公共交通运输工具通常采用固定费用收费机制。乘客无论乘坐多少站,都支付相同的票价。同样,城市出租车也常常使用固定起步价的收费机制。

在物流领域,一些快递公司也采用类似的固定费用收费机制。无论快件的重量或体积如何,供给方收取固定的快递费用。

(二)里程费用

里程费用是供给方按照运输距离来计算费用的收费机制。通常以每公里或每百公里为单位进行计费。这种收费机制适用于长途运输或者需要经过多个地点的运输。

例如,货运公司常常使用里程费用的收费机制。根据货物需要运输的距离,以每公里一定的费用进行计费。这样可以更加准确地反映出运输成本与距离的关系。

此外,出租车行业也常常采用里程费用的收费机制。乘客支付的费用基于乘坐的里程数,以每公里一定的费率计算。

(三)货物数量费用

货物数量费用是供给方根据货物的数量来计算费用的收费机制。通常以每件、每吨或每立方米为单位进行计费。这种收费机制适用于货物量大但距离相对较短的情况。

例如，一些搬家公司根据搬运的货物数量来确定收费标准。无论搬运的距离如何，费用都与搬运的货物数量有关。

同样，在货运领域，供给方常常按照货物的重量或体积来计算费用。无论运输距离多远，费用都是根据货物的数量进行计算。

（四）综合费用

综合费用是供给方根据多个因素综合考虑，制定一种综合收费方式的机制。例如，综合考虑货物数量、运输距离和车型等因素来计算费用。

这种收费机制常见于一些复杂的供应链和物流服务中。根据不同的运输需求和条件，供给方综合考虑多个因素，确定一个综合的收费标准。

综合费用的计算可以根据一些定量指标和算法来进行，以确保费用的合理性和公平性。

（五）附加费用

附加费用是在基本运输费用之外，供给方根据特定服务或附加成本收取的额外费用。这些费用通常是根据实际情况来确定的。

例如，一些供给方可能会对货卸费进行额外收费。如果需要使用特殊设备或进行特殊操作，供给方可能会收取相应的附加费用。

此外，供给方还可能对保险费、仓储费等其他相关服务进行附加费用的收取。

三、运输价格与收费机制的影响因素

（一）运输成本

运输成本是决定运输价格和收费机制的重要因素。供给方需要考虑包括燃料成本、人工成本、车辆维护费用、保险费用等在内的各项成本。这些成本会直接影响到供给方为用户提供服务所需投入的成本，进而影响到运输价格的确定。

不同的运输模式和服务类型对应的成本结构也会有所不同。例如，长途货运可能需要支付更多的燃料费用和驾驶员工资，而城市公共交通则可能更加关注车辆维护费用和人员成本。

运输企业还需要考虑到成本的变动情况。例如，燃料价格的波动、人工成本的变化等都会对运输成本产生直接影响，从而影响到运输价格和收费机制的确定。

（二）市场需求和竞争状况

市场需求和竞争状况也是运输价格和收费机制的重要影响因素之一。供给方需要根据市场需求的变化和竞争对手的存在来制定合理的价格和优化收费机制。

市场需求的变化可能会导致供给方调整运输价格和收费机制。例如，当市场对某种运输服务需求增加时，供给方可能会适当提高价格以获取更好的收益。相反，当市场需求下降时，供给方可能会考虑降低价格来吸引更多的用户。

竞争状况也会对运输价格和收费机制产生重要影响。竞争对手的存在会促使供给方关注市场定位和竞争优势，从而在确定价格和收费机制时采取有针对性的策略，如降价、提供优惠等。

（三）政府政策和规定

政府对运输价格和收费机制的管理和规范也是重要因素。政府可能会制定相关政策和规定，对价格进行管制或者设定价格干预措施。

政府的价格管制可能对供给方的运输价格和收费机制产生直接影响。政府可能会设定价格上限或者提供补贴，限制供给方对用户收费的幅度，以保证价格的合理性和公平性。

此外，政府还可能制定一些规定，要求供给方公开透明地向用户展示运输价格和收费机制，确保用户能够获得充分的信息，做出合理的选择。

（四）用户需求和满意度

用户需求和满意度也会对运输价格和收费机制产生重要影响。供给方需要关注用户的需求变化和反馈意见，根据用户需求和满意度来调整价格和优化收费机制。

用户对价格的敏感度和支付能力是供给方考虑的因素之一。供给方需要权衡用户的需求和市场定位，制定合适的价格水平，既能满足用户需求，又能保证自身利润。

用户满意度也会影响到运输价格和收费机制的确定。如果用户对供给方的服务质量、准时性、安全性等方面提出了不满意见，供给方可能会采取调整措施并考虑降低价格或改进收费机制，以提升用户满意度。

第三章 运输投资与融资

第一节 运输基础设施投资规模与结构

一、运输基础设施投资规模

（一）需求预测与规划

运输基础设施投资规模的确定首先需要进行需求预测和规划，以了解未来的运输需求并制订相应的投资计划。

（1）人口因素：人口是决定运输需求的关键因素之一。通过对人口数量、分布以及迁移趋势的研究，可以预测未来的交通需求，并据此制定合理的投资规模。

（2）城市化进程：随着城市化进程的推进，城市人口不断增加，对交通运输的需求也不断提升。因此，需要对城市化进程进行分析，预测城市交通需求的增长，并相应地进行基础设施投资规划。

（3）经济增长：经济增长水平与交通需求密切相关。通过对经济发展水平、行业结构和贸易发展等因素进行研究，可以预测未来的交通运输需求，并根据预测结果确定投资规模。

（二）投资计划制订

在需求预测和规划的基础上，相关部门需要制订运输基础设施的投资计划，包括投资布局和投资分配两个方面。

（1）投资布局：根据运输需求和发展战略，需要合理确定不同运输方式的基础设施建设投资比例。例如，发展物流业需要加大对道路和铁路基础设施的投资，而加强旅游交通则需要提升水路和航空基础设施的建设。

（2）投资分配：在确定总体投资规模的基础上，需要对不同地区和不同层次的运输需求进行分析，以合理分配投资。考虑到区域差异和经济格局，必要时需要优先支持落后地区的基础设施建设，以实现区域均衡发展。

（三）资金来源和筹措

运输基础设施投资规模的确定还需要考虑资金来源和筹措的问题，以确保投资计划的顺利实施。

（1）政府投资：政府是基础设施建设的主要投资者之一。通过编制财政预算，政府可以安排投资资金，并在必要时调动其他资金来源，如发行债券、动用国家储备资金等。

（2）社会资本参与：为了减轻政府财政压力，可以引入社会资本参与基础设施投资。通过与社会资本合作或引入私人资本，可以筹集更多的投资资金，并提高基础设施建设的效率与质量。

（3）外资引进：吸引外资是一种重要的资金筹措方式。通过引进跨国公司投资、吸引外国政府和国际金融机构的资金支持，可以增加基础设施投资的规模，并促进技术和管理经验的引进。

（4）债券发行：债券市场是一种重要的资金来源渠道。政府和基础设施建设企业可以通过发行债券筹措资金，吸引个人和机构投资者参与基础设施项目，从而满足投资需求。

二、运输基础设施投资结构

（一）运输方式比例

在确定运输基础设施投资结构时，需要根据不同运输方式的需求和发展战略来合理确定各项基础设施投资所占的比例。

（1）道路交通：道路交通作为最常用的运输方式之一，其基础设施建设对于城市交通和农村交通都至关重要。在投资结构中，可以适量增加对道路建设的投资，以提升道路网络的密度和质量，满足日益增长的道路运输需求。

（2）铁路交通：铁路交通作为高速、大容量的运输方式，在长途货物运输和旅客运输方面具有独特的优势。因此，在投资结构中需要适当增加对铁路基础设施建设的投资，建设更多高速铁路线路和现代化车站设施，提升铁路运输能力。

（3）水路交通：水路交通是经济便捷的运输方式，特别适用于大宗货物和远距离运输。投资结构中需要适度增加对内河、沿海和深水港口等水路基础设施的投资，以提升水上交通的效率和安全性。

（4）航空交通：航空交通具有快速、远程、跨国的特点，适用于客运和快件物流。投资结构中需要适量增加对航空基础设施的投资，包括机场扩建、新机场建设以及空中交通管理系统的升级,以提高航空运输的能力和服务质量。

(二)区域布局

运输基础设施投资结构还需要考虑区域布局的问题,根据不同地区的需求和发展差异进行投资分配,以实现区域均衡发展。

(1)发展中地区:在经济欠发达地区或交通条件较差的地区,需要优先进行基础设施投资。这将有助于推动区域经济发展,改善人民生活,并促进与其他地区的互联互通。

(2)发达地区:在经济相对较发达的地区,可以适当降低基础设施投资的比例,将更多资源引导到其他地区的基础设施建设中,以实现全国各地的协调发展。

(3)城市和农村:在投资结构中,需要平衡城市和农村基础设施的建设。在城市中,重点关注公共交通、道路网络、轨道交通等基础设施;在农村地区,注重农村公路、农村公共交通等基础设施建设,提高农村地区的交通便利性。

(三)项目优先级

在总体投资规模确定后,需要对不同项目进行优先级排序,以确保投资的高效利用和优先满足关键需求。

(1)国家级重点项目:根据国家发展战略和政府规划,确定重点项目的优先级,将更多的投资资源用于国家级重点项目的建设,推动国家重大基础设施建设。

(2)重要枢纽节点:重要的交通枢纽节点对于整个运输系统的顺畅运转至关重要。在投资结构中,需要给予这些节点的基础设施建设更高的优先级,以提升枢纽的运输能力和服务水平。

(3)瓶颈改造:在运输系统中存在一些瓶颈,如拥堵的道路、拥挤的车站等。对这些瓶颈进行改造和扩建是投资结构中的重点之一,以缓解拥堵问题,提高运输效率和安全性。

(四)智能化和可持续性

在运输基础设施投资结构中,需要考虑智能化和可持续性的因素,以提升运输效率和减少对环境的影响。

(1)智能化技术:引入先进的信息技术、物联网技术和人工智能等技术,提升运输系统的智能化水平。例如,在道路交通中推广智能交通管理系统,在铁路交通中应用列车控制系统等。

（2）环保技术：运输基础设施的建设需要重视环境保护和可持续发展。通过采用清洁能源、改善废气排放措施、推广轨道交通等低碳化措施，降低运输对环境的影响。

（3）可持续交通规划：在投资结构中，需要注重可持续交通规划和布局。这包括鼓励公共交通的发展、提倡步行和骑行等非机动交通方式，减少私家车使用，以实现可持续的城市交通系统。

第二节　运输项目融资的方式与渠道

一、银行贷款

（一）商业银行贷款

商业银行贷款是运输项目融资的重要方式之一。运输企业可以向商业银行申请贷款，商业银行会根据运输企业的经营状况、信用评级等因素进行贷款审批，并为其提供所需的资金支持。以下是商业银行贷款的一些特点和渠道。

（1）银行信贷：运输企业可以通过与商业银行签订贷款协议来获得贷款。在申请贷款时，通常需要提供相关的贷款材料，如企业的财务报表、经营计划、担保物等。商业银行将根据这些材料进行风险评估，并基于评估结果决定是否批准贷款以及贷款额度。

（2）银团贷款：对于较大规模的运输项目，运输企业可以选择银团贷款的方式进行融资。银团贷款是指多家银行联合组成一个贷款团队，共同向运输企业提供贷款，分担风险。银团贷款通常具有更大的贷款额度和较灵活的还款期限，适用于需要大额融资的项目。

（3）授信额度：一些商业银行可以为运输企业设立授信额度，即预先批准一定金额的贷款供企业使用。运输企业可以根据需要随时提取贷款，无须重复申请。这种方式能够提高运输企业的融资效率和灵活性。

（二）政策性银行贷款

政策性银行是指由政府设立或支持的专门金融机构，其主要目标是支持国家经济发展和基础设施建设。对于运输项目融资来说，政策性银行提供的贷款通常具有较长的贷款期限和较低的利率，适用于大型基础设施建设项目。以下是政策性银行贷款的一些特点和渠道。

（1）中国进出口银行：中国进出口银行（China EximBank）是中国政府支持的重要政策性银行，主要面向海外工程承包项目和对外投资提供金融支持。运输企业可以向中国进出口银行申请贷款，获得资金支持。

（2）中国农业发展银行：中国农业发展银行是中国政府支持的重要政策性银行，主要面向农村和农业相关领域提供金融服务。在运输项目融资方面，农行可以为农产品流通、农村物流等项目提供贷款支持。

（3）其他政策性银行：除了中国进出口银行和中国农业发展银行，中国还有其他政策性银行，如中国铁路建设投资有限责任公司、中国水利电力投资集团等，它们也会为运输项目提供金融支持，并根据项目需求提供不同形式的贷款。

二、债券发行

（一）公司债券

公司债券是运输企业发行的一种债务工具，旨在筹集资金用于项目融资。以下是关于公司债券发行的一些要点。

（1）债券发行程序：运输企业在发行公司债券之前，通常需要进行一系列操作。企业需要确定债券的发行规模、期限和利率等关键参数，并制定发行计划。然后，企业会聘请承销商或投行作为发行主承销商，负责债券的分销和推企业会通过证券交易所或其他适当的机构发布债券招募说明书，并在招募期内接受投资者的申购。

（2）债券购买者：公司债券主要由机构投资者和个人投资者购买。机构投资者包括保险公司、养老基金、投资基金等，它们通常具有较大的资金量和专业的投资能力。个人投资者可以通过证券账户参与公司债券的认购。

（3）债券利率和期限：公司债券的利率和期限是投资者关注的重要因素。通常情况下，较高的信用评级和良好的财务状况可以获得较低的债券利率。债券期限一般较长，可以根据项目融资需求而定，常见的期限为3年、5年、10年等。

（4）债券偿还：在债券到期时，运输企业需要按约定偿还本金和支付利息给债券持有人。偿还方式可以是一次性偿还，也可以是分期偿还。此外，在债券到期之前，企业还可以选择提前偿还债券或进行债券再融资。

（二）政府债券

政府债券是由政府发行的债务工具，旨在筹集资金用于支持国家经济发展和基础设施建设。以下是关于政府债券发行的一些要点。

（1）债券类型：政府债券可以分为国债和地方政府债两种类型。国债是中央政府发行的债券，通常具有较高的信用评级和较低的风险。地方政府债是地方政府发行的债券，用于支持地方经济发展和基础设施建设。

　　（2）债券评级：政府债券通常具有较高的信用评级，因为政府具有征税权和发行货币的权力。高信用评级能够提高债券的流动性和吸引力，吸引更多投资者参与。

　　（3）债券收益率：政府债券的收益率一般较低，适合于风险偏好较低的投资者。政府债券的收益率由市场供求关系和利率水平等因素决定。

　　（4）政府债券市场：政府债券通常在债券市场进行交易。在中国，政府债券可以在中国债券市场上交易，包括银行间市场和交易所市场。投资者可以通过开设证券账户参与政府债券的交易。

三、股权融资

（一）首次公开募股（IPO）

　　IPO是运输企业通过首次公开发行股票来筹集资金的一种方式。以下是关于IPO的一些要点。

　　（1）IPO流程：运输企业进行IPO需要经历一系列程序，包括选择承销商、申请上市、准备发行文件、交易所审核等。在准备阶段，企业需要编制发行文件，包括招股说明书和财务报告等，用于向投资者介绍企业情况和募集资金用途。一旦审核通过，企业可以在证券交易所上市，并向公众发行股票。

　　（2）投资者购买股票：IPO过程中，投资者可以通过认购方式购买企业发行的股票。投资者通常可以通过证券账户参与认购，认购金额根据个人或机构的投资能力而定。投资者购买股票后，将成为企业的股东，享有相应的股权和权益。

　　（3）市场定价：在IPO过程中，企业需要确定股票的发行价格。市场定价一般由承销商和市场投资者共同参与，通过市场需求和供给决定最终的发行价格。发行价格的确定需要考虑投资者的接受程度、市场竞争情况和企业的估值等因素。

　　（4）股权结构和治理：IPO后，运输企业的股权结构将发生变化。投资者购买的股份将成为企业的一部分，影响公司的所有权和控制权。企业需要建立有效的股权结构和治理机制，确保股东权益的平衡和公司治理的健康。

（二）私募股权融资

私募股权融资是通过向特定的投资机构或个人发行股票来筹集资金的方式。以下是关于私募股权融资的一些要点。

（1）投资者选择：私募股权融资通常通过与风险投资机构、私募股权基金或个人投资者合作来实现。企业可以选择根据自身需求和发展阶段寻找适合的投资者，以获得资金和资源支持。

（2）股权出售和交易方式：通过私募股权融资，运输企业可以向投资者出售一部分股权，获取资金。股权交易方式可以是股权转让、增资等，根据合同约定确定股权比例和购买价格。

（3）投资估值和谈判：私募股权融资过程中，企业和投资者需要就投资估值进行谈判和协商。企业的估值通常由企业价值、行业前景、财务状况和市场竞争等因素决定。投资者会对企业进行尽职调查，评估企业的潜力和风险，然后确定投资金额和估值。

（4）长期合作和退出机制：私募股权融资一般是长期的合作关系。投资者在投资期间通常会提供战略支持和资本运作，帮助企业实现增长和价值提升。而企业在一定条件下（如上市或并购）可以通过股权回购、股份转让等方式退出。

四、政府支持

（一）补贴和奖励

政府可以通过给予运输企业补贴和奖励来鼓励其进行基础设施建设和技术创新。以下是一些常见的补贴和奖励方式。

（1）财政补贴：政府可以向运输企业提供直接的财政补贴，用于项目建设和运营费用。这些补贴可以用于购买设备、改善基础设施、培训人才等方面。

（2）税收减免：政府可以给予运输企业税收优惠政策，降低企业的负担。例如，减免企业所得税、增值税、关税等税收。

（3）土地优惠：政府可以为运输企业提供土地使用权或租金减免，降低企业的土地成本。

（4）奖励措施。政府可以设立奖励机制，对于在运输领域有突出表现的企业给予奖励。如技术创新奖励、行业贡献奖励等。

（二）政府投资基金

政府可以设立专门的投资基金，为运输项目提供资金支持。以下是一些关于政府投资基金的要点。

（1）资金来源：政府投资基金可以通过政府财政拨款、国有资产划拨等方式获得资金。政府可以将一部分财政资金或国有企业的资产划入基金，用于支持运输项目。

（2）投资模式：政府投资基金可以采取股权投资、债权投资等方式参与运输项目融资。政府作为投资者，可以获得相应的股权或债权，并从项目中获取回报。

（3）风险分担：政府投资基金可以与其他投资者共同参与运输项目的投资，共享风险和收益。政府可以起到引导和规范的作用，促进公平竞争和资源优化配置。

（4）合作机制：政府投资基金可以与运输企业建立合作关系，共同推动项目的建设和运营。政府可以提供战略指导和资源支持，帮助企业解决资金难题和市场风险。

（三）合作模式

政府可以与运输企业合作，共同推动运输项目的建设。以下是一些常见的合作模式。

（1）合资公司：政府与运输企业可以共同出资成立合资公司，共同投资和经营特定的运输项目。政府作为股东之一，可以参与决策和管理，与企业共享风险和回报。

（2）政府特许经营：政府可以通过特许经营的方式，将运输项目的经营权授予专业企业或投资者。这样可以吸引更多的私人资本和技术进入，提高项目的效益和运营水平。

（3）公私合作伙伴关系：政府与运输企业可以建立公私合作伙伴关系，共同投资和运营运输项目。双方可以按照约定的份额分享投资成本、风险和收益。

（4）政府购买服务：政府可以向运输企业购买特定的运输服务，如公交、物流等。服务的方式，政府可以提供稳定的订单和市场需求，促进运输企业的发展。

第三节　运输项目评价与风险分析

一、运输项目评价

（一）经济效益评价

运输项目的经济效益评价是对项目投资与收益之间的关系进行评估，以确定项目是否具有经济可行性和价值。主要评价指标包括投资回报率、成本效益比、现值净收益等。

（1）投资回报率（Return on Investment，ROI）：计算项目的投资回报率可以帮助评估项目的盈利能力和回报速度。投资回报率用于衡量项目净利润与投资总额之间的比例关系，常使用的计算公式为：

投资回报率=（净利润/投资总额）×100%

（2）成本效益比（Cost-Benefit Ratio）：成本效益比是评估项目成本与产生的效益之间的比例关系，也被称为投资效益比。常用的计算公式为：

成本效益比=总效益/总成本

（3）现值净收益（Net Present Value，NPV）：现值净收益是将项目未来的现金流量折现到现在的价值，以判断项目的净收益情况。计算现值净收益需要确定适当的贴现率，通常使用净现值法。公式如下：

现值净收益=Σ（现金流量/（1+贴现率）^n）

（二）社会效益评价

运输项目的社会效益评价是评估项目对社会的影响和贡献程度。以下是一些常见的社会效益评价指标。

（1）就业机会创造：评估项目对当地就业机会的增加情况，包括直接就业和间接就业。

（2）交通拥堵缓解：评估项目对交通拥堵问题的缓解程度，比如减少交通事故、缩短行车时间等。

（3）环境保护：评估项目对环境的保护和改善效果，如减少废气排放、噪声污染等。

（4）社会公平性：评估项目对社会公平性的影响，包括是否造福于广大民众，并考虑弱势群体的利益保护。

（三）环境影响评价

运输项目的环境影响评价是评估项目对自然环境的潜在影响和可持续性的考量。以下是一些常见的环境影响评价指标。

（1）空气质量：评估项目对大气环境的影响程度，包括排放物质的种类和浓度。

（2）水资源：评估项目对水资源的利用和污染情况，包括取水、废水排放等。

（3）土地利用：评估项目对土地的占用和破坏情况，包括土地扰动、生态系统破坏等。

（4）生物多样性：评估项目对生物多样性的影响程度，包括野生动植物栖息地的破坏和迁移等。

（四）技术可行性评价

运输项目的技术可行性评价是评估项目所采用技术的成熟度和可行性，以判断项目技术实施的风险和可靠性。以下是一些常见的技术可行性评价指标。

（1）技术可行性分析：评估项目所涉及的关键技术是否已经成熟并可以得到有效实施。

（2）技术风险评估：评估项目所涉及的技术风险和不确定性，包括技术难度、技术依赖性等。

（3）技术支持与保障：评估项目所需的技术支持和保障措施，包括人力资源、技术服务等。

（五）法律和政策评价

运输项目的法律和政策评价是评估项目是否符合相关法律法规和政策要求，并确保项目的合法性和合规性。以下是一些常见的法律和政策评价指标。

（1）土地使用评估：评估项目对土地使用的合规性和合理性，包括土地开发许可、土地征用等。

（2）环境保护评估：评估项目是否符合环境保护法律法规和环境管理要求，包括环评报告书、环境监测报告等。

（3）安全规范评估：评估项目是否符合相关安全规范和标准，包括交通安全、设备安全等。

二、运输项目风险分析

（一）技术风险

技术风险是运输项目中常见的风险之一，可能涉及技术可行性、技术难题、技术依赖等方面。为避免或减轻技术风险,可以采取以下措施。

(1)技术可行性研究:在项目规划初期进行充分的技术可行性研究,评估所采用技术的成熟度和可行性。

(2)技术前瞻性研究:对新兴技术和行业趋势进行研究,掌握最新的技术发展动态,以应对技术变革带来的风险。

(3)技术储备与保障:建立技术储备库,包括人才储备、技术设备储备等,以应对技术突发状况。

(4)技术风险评估:对项目涉及的关键技术进行风险评估,提前识别并制定相应的应对措施。

(二)经济风险

经济风险是运输项目中需要考虑的重要风险因素,包括投资成本、运营成本、市场需求等方面。以下是应对经济风险的措施。

(1)投资回报率评估:通过详细的投资回报率评估,对项目的盈利能力和回报速度进行分析,确保项目具备经济可行性。

(2)市场调研:在项目规划初期进行市场调研,了解市场需求和竞争状况,确保项目在市场上有足够的回报空间。

(3)财务风险管理:建立完善的财务风险管理机制,包括预算管控、成本控制、财务分析等,确保项目在财务层面的可持续性。

(三)政策风险

政策风险是运输项目中需要关注的风险之一,包括政府政策变化、法律法规调整等方面。以下是应对政策风险的措施。

(1)政策研究:定期关注相关政策法规的动态,进行深入研究和分析,了解可能带来的政策风险。

(2)政策沟通:与政府相关部门和监管机构进行充分的沟通和合作,及时了解政策变化,并就项目的合规性进行咨询和解释。

(3)风险预警机制:建立风险预警机制,对政策变化进行监测和预警,及时调整项目策略和运营模式,降低政策风险的影响。

(四)运营风险

运营风险是运输项目中需要关注的风险因素,包括项目运营管理、安全管理、供应链管理等方面。以下是应对运营风险的措施。

(1)项目管理体系建设:建立完善的项目管理体系,包括组织架构、流程规范、运营流程等,确保项目的高效运营。

（2）安全监测与预警：建立安全监测系统，对项目运营过程中的安全隐患进行跟踪和监测，并建立预警机制，及时应对潜在的安全风险。

（3）灾害应对预案：制定灾害应对预案，明确应急响应措施和责任分工，提前做好灾害风险的准备和防范工作。

（五）环境风险

环境风险是运输项目中需要考虑的风险之一，包括环境保护、生态保护等方面。以下是应对环境风险的措施。

（1）环境影响评估：在项目规划和实施过程中进行全面的环境影响评估，识别潜在的环境风险，制定相应的环境管理和保护措施。

（2）环境监测与治理：建立环境监测系统，对项目运营中的环境排放、污染物等进行监测和治理，确保项目对环境的友好性。

（3）环境保护措施。制定并执行环境保护措施，包括废弃物处理、生态修复等，减轻项目对环境的不良影响。

（六）社会风险

社会风险是运输项目中需要关注的风险因素，包括公众反对、社会影响等方面。以下是应对社会风险的措施。

（1）社会参与机制：建立有效的社会参与机制，包括公众听证会、社区座谈会等，充分听取公众意见，增强项目的透明度和公正性。

（2）信息公开与沟通：及时向公众公开项目信息，进行有效的沟通和解释，回应公众关切和疑虑。

（3）社会责任管理：积极履行企业社会责任，参与公益活动、扶贫帮困等，提升企业形象，增强项目的社会接受度和可持续发展。

在进行运输项目风险分析时，需要全面识别各种风险因素，并制定相应的应对措施。同时，定期进行风险评估和监测，及时调整和完善风险应对措施，以确保项目顺利进行并取得预期效果。

第四章 城市交通规划与管理

第一节 城市交通规划的原则与方法

一、城市交通规划的原则

（一）综合性原则

城市交通规划的综合性原则是指在制定交通规划时，需要充市发展的多个因素之间的相互影响和协调关系。这些因素包括但不限于城市布局、人口分布、经济结构、用地利用、环境保护等。通过综合些因素，可以实现交通系统与城市发展目标的有机结合，提高城市的整体效益。

综合性原则要求考虑交通系统的安全性。交通规划应确保道路、交叉口、人行道等交通设施的设计符合安全标准，减少交通事故的发生。同时，需要合理规划交通信号灯、标志标线等交通控制措施，提高交通系统的安全性。

综合性原则要求考虑交通系统的效率性。交通规划应确保交通网络的合理布局，优化道路、公共交通线路等交通设施的设计，提高交通系统的运营效率。通过提供便捷的交通服务，减少交通拥堵和通勤时间，提高人们的出行效率。

综合性原则还要求考虑交通系统的环境友好性。交通规划应根据城市的发展需求和环境特点，选择合适的交通模式和交通技术，减少对环境的污染和破坏。例如，可以鼓励公共交通的发展，提高公共交通的覆盖率和服务质量，减少汽车出行对空气质量的影响。

（二）可持续发展原则

城市交通规划的可持续发展原则是指规划过程中要考虑社会、经济和环境因素，推动城市交通体系的长期发展，并减少不可逆转的环境损害。可持续发展原则是为了满足当前和未来世代的需求，实现交通系统的平衡发展。

可持续发展原则要求在交通规划中充分考虑社会因素。规划过程中应关注人们的出行需求，提供便利的交通方式和服务，并确保交通设施的无障碍性，方便老年人、儿童、残疾人等特殊群体的出行。

可持续发展原则要求考虑经济因素。交通规划应与城市经济的需求相协调，促进交通系统和经济发展的良性互动。例如，在规划中要考虑交通设施的投资成本和运营成本，并确定合理的收费标准，实现交通系统的经济可持续性。

可持续发展原则还要求充分考虑环境因素。在交通规划过程中，应评估交通系统对环境的影响，采取措施减少噪音、空气污染和能源消耗等负面效应。可以通过推广清洁能源车辆、建设绿色交通基础设施等方式，实现交通系统与环境的协同发展。

（三）人本主义原则

城市交通规划的人本主义原则是指以人为本，满足居民和其他使用者的出行需求，提高交通系统的便捷性、舒适性和安全性，促进城市居民的生活质量和幸福感。人本主义原则是为了实现人与城市交通系统的和谐共存。

人本主义原则要求提供便捷的交通方式和服务。交通规划应优化交通网络的布局，确保交通设施的合理连接和畅通，提供多样化的出行选择。通过提供高效的公共交通系统、完善的步行和自行车道路网络等，满足人们的不同出行需求，减少私家车的使用。

人本主义原则要求提高交通系统的舒适性。规划过程中应充分考虑乘客的舒适感受，提供良好的候车环境、舒适的交通工具和服务，提高公共交通的品质和形象。同时，要确保交通设施的安全性，减少交通事故的发生，保护乘客的人身和财产安全。

人本主义原则还要求提高交通系统的安全性。交通规划应考虑交通流量、道路环境、交通控制等因素，合理规划交通设施的设计和布置，减少交通事故的风险。此外，通过加强交通安全教育和宣传，提高居民的交通安全意识，推动行为文明的交通文化建设。

二、城市交通规划的方法

（一）数据收集与分析

1.数据收集方法

调查统计：通过对居民和机动车主的问卷调查，了解他们的出行方式、出行频率、出行目的等信息。

现场观察：派遣人员到城市各个交通节点进行观察，记录交通流量、交通拥堵情况以及交通设施的使用情况。

交通流量测量：利用交通流量监测设备（如交通相机、感应器等）对主要道路和路口进行交通流量的实时监测和数据采集。

交通事故数据：收集和分析过去一段时间内的交通事故数据，包括事故发生地点、事故类型、伤亡情况等。

2.数据分析方法

人口分布分析：根据收集到的人口数据，通过统计分析方法，绘制人口分布图、人口密度图，以及不同区域的人口增长趋势图。

出行方式分析：基于调查统计数据，对不同出行方式（如公共交通、私家车、步行、非机动车等）的使用情况进行比较和分析，揭示出行方式的偏好和变化趋势。

交通流量分析：通过交通流量测量数据，结合地图信息等，绘制道路交通流量分布图，并利用交通工程学的方法，评估交通拥堵状况，确定拥堵点和拥堵时间段。

交通事故分析：根据收集到的交通事故数据，利用统计方法和地理信息系统分析事故发生的空间分布特征、事故类型及，为交通安全问题提供科学依据。

出行需求分析：通过对调查统计数据的分析，了解不同人群的出行需求、出行目的和出行距离，为公共交通规划、非机动车设施规划等提供参考。

3.数据分析结果

交通状况评估：通过对交通流量和交通拥堵情况的分析，确定城市交通系统的运行状况，包括路段拥堵程度、交通瓶颈点等。

出行方式需求评估：根据出行方式分析的结果，评估不同出行方式的需求情况，为城市交通规划和交通设施建设提供指导。

交通安全问题分析：通过交通事故数据的分析，揭示出交通事故多发地点和事故类型，为交通安全管理和改进提供依据。

出行需求预测：通过对出行需求的分析，可以预测未来城市交通的发展趋势，为长期交通规划提供预测和决策支持。

4.规划决策依据

基于数据分析结果，制定城市交通规划的优先发展方向和重点项目，如新建道路、改善交叉口、增加公共交通线路等。

根据交通流量和拥堵分析结果，提出相应的交通管理措施，如交通信号优化、限制私家车行驶、推广多式联运等，以缓解交通压力。

针对交通安全问题，制定交通安全管理策略，包括改善交通标志标线、加强交警执法和交通宣传等，提高交通安全水平。

结合出行需求分析结果，优化公共交通线路布局和站点设置，改善非机动车设施，提升城市交通的便捷性和舒适度。

（二）交通系统评估与模拟

1.交通仿真技术

交通仿真模型：建立城市交通网络的模型，包括道路、路口、交通信号等元素，对交通流的行为进行建模。常用的交通仿真模型包括微观仿真和宏观仿真模型。

交通仿真软件：利用计算机进行交通仿真实验，通过设计交通流动规则、交通需求模型和出行行为模型，模拟真实交通环境中的交通流动和行为。

2.交通流模型

道路流量模型：通过统计方法和实时数据，推断道路上的交通流量，并估计出行时间和速度。

堵塞流模型：基于理论和实测数据，预测交通拥堵发生的条件和程度，评估交通流的稳定性和饱和度。

交通分配模型：根据出行需求和不同交通模式的选择行为，估计不同交通方式的分配比例和出行路径选择。

3.评估指标

交通流量：根据交通仿真模型的结果，评估各个路段、路口的交通流量情况，包括峰值流量、平均流量等。

交通拥堵：通过模拟实验，评估交通系统的拥堵程度和拥堵时段，分析拥堵原因和拥堵点位。

行车速度：根据交通仿真结果，评估不同路段、不同时间段的行车速度，考察交通系统的通行能力和效率。

出行时间：通过模拟实验，评估不同出行需求下的出行时间和延误情况，分析交通规划对出行效果的影响。

经济效益：通过交通仿真和模拟实验，评估交通规划方案对经济效益的影响，如交通成本的减少、出行时间的缩短等。

4.模拟比较与优化

规划方案比较：基于模拟实验的结果，对不同的交通规划方案进行比较，评估各个方案的优劣和可行性。

适应性分析：根据不同的交通需求变化预测，模拟不同发展阶段下交通系统的运行效果，寻找适应性较好的规划方案。

场景模拟：根据不同的场景设定和预测，模拟未来交通系统的运行情况，为长期交通规划提供决策支持。

优化调整：通过模拟实验和比较分析，找出最佳的交通规划方案，并进行优化调整，以提高交通系统的效率和可持续性。

5.决策支持

提供科学依据：交通系统评估和模拟分析为规划决策提供科学依据，帮助决策者了解不同规划方案的影响和效果。

风险预测与应对：通过模拟实验和分析，预测不同规划方案可能面临的风险和挑战，并提供相应的对策和应对措施。

优化决策方案：基于模拟比较和优化调整的结果，制定最佳的交通规划方案，提高城市交通系统的效率和可持续性。

通过交通系统评估与模拟，规划者可以更加全面地了解交通系统的运行状况和未来发展趋势，为城市交通规划提供科学依据和决策支持。需要注意的是，评估与模拟的准确性和可靠性取决于所采用的数据和模型的质量，因此在进行评估与模拟分析时，需要充分考虑数据来源和模型参数的准确性，并结合实际情况进行综合分析和判断。

（三）规划目标确定

1.改善交通流动性

减少交通拥堵：通过优化道路网络布局、增加道路容量、改善交通信号控制等手段，降低交通拥堵程度，提高交通系统整体的流动性。

提高交通运行效率：通过合理规划交通组织方式、减少红绿灯等待时间、优化交通调度管理等手段，提高交通运输效率，缩短出行时间。

2.提高出行效率

多式联运和交通一体化：促进公共交通与非机动车、步行等出行方式的无缝衔接，提供全方位的便捷出行服务，提高出行效率。

推广智慧出行系统：借助信息技术和大数据分析，提供实时交通信息、智能导航等个性化出行服务，使出行更加便捷和高效。

3.优化交通服务

提升公共交通服务水平：增加公共交通线路覆盖范围，优化线路布局和站点设置，提高公共交通的可达性和便利性。

完善停车设施：合理规划停车场地布局，增加停车位供给，提高停车设施的利用率和服务质量，方便市民出行。

安全性与舒适度：改善道路状况，设置交通设施和交通标志，提高道路安全性和通行舒适度。

4.环境保护和可持续发展

减少交通污染排放：推广清洁能源车辆，完善尾气排放治理措施，减少交通对环境的不良影响。

促进低碳出行方式：鼓励步行、非机动车和公共交通的使用，减少汽车出行需求，降低碳排放量。

自行车和步行友好城市：建设自行车道、人行道等基础设施，提供安全和便捷的自行车和步行出行环境，鼓励绿色低碳出行方式。

5.经济发展和社会效益

支持交通物流发展：优化物流体系，提高货物运输效率，促进经济发展和贸易流通。

促进城市空间结构优化：合理规划道路布局和交通枢纽，促进城市空间的高效利用和结构优化。

提升居民生活品质：改善交通出行环境，提高居民的出行便利度和生活质量。

通过明确规划目标，可以指导后续的规划工作，并在规划实施中持续评估和调整，以确保交通系统的可持续发展、经济效益和社会效益的实现。同时，在确定规划目标时，也需要充分考虑城市的特点、发展需求和长远规划方向，以及与其他领域（如城市规划、环境保护等）的协调一致性，实现城市交通系统的整体优化和协同发展。

（四）交通需求预测

1.数据采集与分析

在进行交通需求预测之前，需要收集和分析相关数据，以获取准确的基础信息。这包括人口统计数据、经济发展情况、土地利用规划、交通出行调查数据等。通过对这些数据进行细致的分析，可以了解城市的发展趋势和出行特征。

2.建立预测模型

基于数据分析的结果，可以建立交通需求预测模型，以研究城市未来的交通需求情况。常用的预测模型有回归分析、时间序列分析、空间交互作用模型等。模型的选择应根据具体情况和需求进行合理的判断，以保证预测结果的准确性和可靠性。

3.考虑影响因素

交通需求受到多种因素的影响,包括人口增长、经济发展、就业结构、居住区布局、交通政策等。在进行预测时,需要充分考虑这些因素,并对其进行分析和量化。例如,人口增长率和人口结构变化对交通需求的影响较大,因此需要对人口数据进行合理的预测和预测。

4.场景分析与预测

针对不同的规划场景和需求,进行交通需求的分析和预测。例如,针对城市新兴区域的规划,需要根据该区域的土地利用规划、经济发展情况等因素,预测未来的交通需求量和出行结构,以确定合理的交通设施建设和布局。

5.预测结果评估与调整

在进行交通需求预测后,需要对预测结果进行评估和验证。可以通过与实际数据进行比对,检验预测准确性,并对预测模型和算法进行调整和改进。这样可以提高预测的可靠性和科学性,为规划决策提供更有价值的参考依据。

(五)交通规划设计

1.道路网布局

道路网布局是交通规划设计的核心内容之一。根据交通需求和交通流量分布情况,确定道路的类型、数量、位置和互联关系。重点考虑城市的地理环境、交通流向和用地条件等因素。通过使用交通模型和仿真软件,可以对不同的道路布局方案进行评估和比较,选择最优的布局方案。

2.公共交通线路规划

公共交通线路规划是提高城市交通效率和促进可持续发展的关键措施之一。在规划设计中,需要考虑公共交通线路的覆盖范围、频次和运营形式。通过分析交通需求和出行特征,确定公共交通线路的起止点、线路走向和站点布置。同时,还需考虑与其他交通模式的衔接,提升综合出行服务水平。

3.交通设施建设

交通设施建设包括道路、桥梁、隧道、交叉口、停车场等基础设施的规划和设计。在进行交通设施建设时,应充分考虑人车分流、容量扩展、交通安全等因素。通过合理的布置和设计,提高道路通行能力、减少拥堵和事故发生率。此外,还应考虑交通设施的可持续性和环保性,例如推广非机动车道建设和智能交通系统的应用。

4.可行性评估

在制定交通规划设计方案时,需要进行可行性评估,以评估方案的可行性和经济效益。可行性评估包括综合评价、社会影响评估、环境影响评估等内容。通过综合分析各种因素的影响，选择最符合城市发展和社会利益的交通规划设计方案。

5.效果仿真验证

制定规划设计方案后，还需要进行效果仿真验证，以评估方案的交通运行效果和影响程度。通过模拟交通流量、交通状况和出行行为，评估规划设计方案在实际运行中的表现。根据仿真结果和评估指标，对方案进行调整和改进，以保证规划设计方案的科学性和实用性。

（六）交通规划实施与监控

1.制定实施方案和时间表

在确定交通规划后，需要制定详细的实施方案和时间表。实施方案应包括具体的工作内容、责任分工、资源投入等，并结合实际情况确定实施的阶段性目标和时间节点。通过制定明确的实施方案和时间表，可以确保交通规划按计划有序地进行。

2.监控和评估

在交通规划的实施过程中，需要进行监控和评估，及时了解项目进展情况和效果。监控包括对施工进度、质量控制、成本管控等方面进行监测和检查。评估则是对规划实施效果进行定量或定性分析，以评价规划的成效和问题所在。通过监控和评估，可以及时发现和解决实施中的问题，保障规划的质量和效果。

3.调整和优化规划方案

在实施过程中，可能会出现一些意外情况或需求变化，这时需要及时调整和优化规划方案。根据监控和评估的结果，对规划方案进行修订和改进，以适应实际情况和需求变化。调整和优化规划方案的目的是确保规划的科学性和可操作性，提升规划的实施效果。

4.建立交通规划的长效管理机制

为了确保交通规划的长期有效实施，需要建立健全的管理机制。这包括建立规划的责任主体和管理组织，明确各方的职责和权限。同时，还需要制定相关的管理制度和标准，规范规划实施的流程和要求。通过建立长效管理机制，可以加强对交通规划实施的监督和管理，推动规划的顺利实施。

5.加强对规划实施的监督和管理

在交通规划实施过程中，需要加强对规划实施的监督和管理。这包括对项目进展、资源投入、质量控制等方面进行监督和检查。同时，还需要建立信息反馈和沟通渠道，及时了解实施情况和问题反馈，并采取相应的措施进行处理。通过加强监督和管理，可以确保规划实施的顺利进行，达到预期的效果。

第二节 城市交通管理的组织与措施

一、建立有效的城市交通管理组织

（一）建立城市交通管理委员会

1.组织架构

（1）主任：委员会的领导者，负责组织、协调和指导委员会的工作，并代表委员会向上级政府和社会公众报告工作情况。

（2）副主任：协助主任完成委员会的日常工作，负责特定领域的管理工作，如交通设施建设、交通运输规划等。

（3）职能部门：根据需要设立不同的职能部门，例如交通规划部门、交通设施建设部门、交通运输管理部门等。每个部门由相应的部门负责人和专业人员组成，负责具体的任务和工作。

2.决策和规划

（1）交通运输发展规划：委员会制定城市交通运输发展规划，包括交通网络布局、交通枢纽建设、公共交通发展等内容。规划要考虑城市发展需求、环境保护、资源利用等因素，以实现交通系统的高效、安全和可持续发展。

（2）交通设施建设规划：委员会制定城市交通设施建设规划，包括道路、桥梁、隧道、停车场等交通基础设施的建设和改造计划。规划要充分考虑交通需求、城市规划、土地利用等因素，提高交通设施的使用效率和安全性。

（3）交通管理政策：委员会制定城市交通管理政策，包括交通管制、交通监控、交通安全等方面的政策措施。政策要针对城市的实际情况，综合考虑交通状况、人口流动、经济发展等因素，提升城市交通管理的水平和效果。

3.监督和评估

（1）监督工作：委员会负责对城市交通管理工作进行监督，包括对各个部门的工作执行情况、政策措施的实施效果等进行监测和评估。通过定期的会议、报告和现场检查等形式，确保交通管理工作按照规划和政策要求进行，并及时发现和解决问题。

（2）评估工作：委员会对交通管理工作进行定期评估，包括对交通运输发展、交通设施建设、交通管理政策等方面的评估。评估工作应结合定量和定性分析方法，从多个角度评估工作的成效和问题，并提出改进意见和措施。

（3）调整和改进：根据监督和评估的结果，委员会及时调整和改进工作方案。通过总结经验教训、分享成功经验和引入新技术等方式，推动城市交通管理工作的不断创新和提高。

4.创新和合作

（1）创新科技应用：委员会鼓励和支持新技术的应用，如智能交通系统、无人驾驶技术等，以提升城市交通管理的智能化和自动化水平。

（2）加强部门合作：委员会促进不同部门之间的紧密合作，建立信息共享机制，实现跨部门协作和资源优化。例如，与城市规划部门、环保部门、公安部门等建立合作关系，共同推进城市综合交通管理工作。

5.公众参与和宣传

（1）公众参与：委员会鼓励社会公众对城市交通管理工作进行参与和监督，例如举办听证会、征求意见、开展宣传教育活动等。通过广泛的公众参与，增加政策的可行性和社会的接受度。

（2）宣传教育：委员会开展交通安全宣传、绿色出行教育等活动，提高公众对交通管理政策和规则的认知和遵守度。通过宣传教育，引导公众树立文明、安全、环保的交通出行意识。

（二）设置交通管理机构

1.组织结构

交通管理机构的组织结构应根据实际情况而定，以下是一个可能的组织结构示例。

（1）机构领导：包括机构负责人和副负责人，负责机构的整体领导和决策。

（2）行政支持部门：负责机构的日常行政事务，包括人事、财务、文秘等。

（3）业务支持部门：负责为交通管理工作提供支持，例如信息技术部门、数据分析部门等。

（4）交通管理部门：包括道路交通管理部门、车辆管理部门、交通安全管理部门等，每个部门负责特定的交通管理职能。

2.交通管理职能部门

（1）道路交通管理部门：负责城市道路交通管理，包括道路规划、道路标线、交通信号、交通标志等的管理和维护。此部门还应监督和指导道路施工、交通拥堵疏导等工作。

（2）车辆管理部门：负责机动车辆的登记、注册、检测、年检等工作。该部门还应对违法行驶、逃逸车辆等进行处罚和管理，并推广和管理新能源车辆的使用。

（3）交通安全管理部门：负责城市交通安全管理，包括交通事故处理、交通违法处罚、交通安全宣传等工作。该部门还应定期开展交通安全检查和评估，提出预防和改善交通安全的措施。

（4）公共交通管理部门：负责城市公共交通的规划、运营、监管等工作。该部门应推动公共交通的发展，提高公共交通服务质量和覆盖范围，促进公共交通与私人汽车的互补和协调。

（5）交通数据分析部门：负责收集、分析和利用交通数据，提供科学依据和决策支持，帮助优化交通管理工作。该部门还应开展交通数据的共享和交换，促进跨部门合作和信息共享。

3.工作职责

（1）制定交通管理政策和规章制度，确保交通管理工作符合法律法规和政府要求。

（2）规划和组织交通基础设施建设，确保道路、桥梁、交通信号等设施的安全和畅通。

（3）监督和指导交通违法行为的查处和处罚，维护交通秩序和安全。

（4）开展交通安全宣传教育活动，提高公众的交通安全意识和素质。

（5）推动公共交通发展，提高公共交通服务水平，减少私人汽车出行压力。

（6）收集、分析和利用交通数据，为决策提供科学依据和技术支持。

4.人员配备

为保证交通管理机构的正常运作，需要合理配置专业和技术人员。

（1）交通管理专家：了解交通管理的理论和实践，能够制定合理的政策和规章制度。

（2）交通工程师：熟悉道路、桥梁、交通信号等基础设施建设和维护，能够进行项目管理和技术指导。

（3）交通安全专家：具备交通安全法律法规和安全管理知识，能够开展交通事故处理和安全检查。

（4）数据分析师：有扎实的数据分析和统计能力，能够对交通数据进行准确的分析和解读。

（5）行政和支持人员：负责机构的行政事务和办公支持工作，保障机构的正常运行。

5.合作机制

为了提高交通管理的效果，交通管理机构应与其他相关部门建立密切的合作机制。

（1）与市政规划部门合作，协调城市交通规划和城市规划的衔接，确保交通系统与城市发展相适应。

（2）与环保部门合作，推动绿色出行和低碳交通，减少交通对环境的影响。

（3）与公安部门合作，加强交通违法行为的打击和处罚力度，提高交通安全水平。

（4）与交通运输部门合作，促进公路、铁路、航空等交通方式之间的互联互通和互补发展。

（三）制定职责和权限

1.制定相关管理规章制度

交通管理机构应制定相关管理规章制度，明确各级管理机构的职责和权限。这些规章制度可以包括交通管理政策、交通法规、交通安全标准等，以确保交通管理工作的有序进行。

2.明确市、区、街道各级管理机构的职责和权限

根据地方政府的组织结构和管理体系，明确市、区、街道各级管理机构的职责和权限。市级管理机构可以负责整体的交通管理策划和指导，区级管理机构可以负责具体区域的交通管理工作，街道级管理机构可以负责具体街道的交通管理工作。

市级管理机构的职责可以包括制定城市交通规划、制定交通管理政策、监督和指导各个区域的交通管理工作等。区级管理机构的职责可以包括实施市级交通管理政策、组织交通设施的建设和维护、开展交通安全宣传等。街道级管理机构的职责可以包括负责街道交通秩序的维护、组织交通事故处理等。

3.划分管理区域

根据城市的实际情况和交通流量分布，合理划分交通管理区域，并确立各个区域的管理责任单位。划分管理区域可以根据街道、道路网、交通节点等因素进行，以实现对交通管理工作的精细化管理。

划分后的管理区域可以根据大小、复杂程度、交通流量等指标来确定相应的管理责任单位。管理责任单位需要负责该区域内的交通规划、交通设施建设

和维护、交通秩序维护等工作，并与其他相关部门进行协调和配合。

4.落实管理责任

明确各级管理机构的管理责任，并加强对交通管理工作的督促和检查，确保各项管理任务得到有效执行。具体做法如下。

（1）制定管理目标和任务：明确交通管理的总体目标和具体任务，确保各级管理机构清楚职责，明确工作重点。

（2）监督和检查：建立健全的监督和检查机制，对各级管理机构的工作进行定期检查和评估，发现问题及时纠正。

（3）培训和提升能力：为管理人员提供培训和学习机会，提升其管理能力和专业素质，使其能够胜任交通管理工作。

（4）信息共享和协同工作：加强与其他相关部门的沟通和协同工作，共享交通管理信息和资源，实现跨部门合作。

二、完善城市交通管理法律法规

（一）设立交通管理法

1.交通安全管理

交通管理法应设立相关规定，确保城市交通的安全。这包括规定驾驶人和行人遵守交通规则、使用安全设备，以及车辆符合安全要求等。交通管理法还应规定交通事故责任的划分原则，并明确对交通违法行为的处罚措施，以提高交通安全水平。

2.交通秩序管理

交通管理法应设立相关规定，维护城市交通的秩序。这包括规定交通流量的控制、交通信号的设置和调整、交通拥堵处理等。交通管理法还应设立规定，管制和指挥大型活动时的交通秩序，确保交通畅通。

3.交通设施管理

交通管理法应设立相关规定，管理和维护城市交通设施。这包括规定交通设施的建设标准、维护责任和管理机制。交通管理法还应规定对损坏或非法占用交通设施的处罚，以保障交通设施的正常运行和使用。

4.权责明确

交通管理法应明确相关部门和机构的权责。这包括规定各级政府部门在交通管理中的职责分工和协调机制，以及明确交通管理部门的组织结构和职权范围。同时，交通管理法还应设立相关规定，规范交通管理部门的执法权力和程序,保障执法公正和效果。

5.处罚标准和程序

交通管理法应设立相关规定,明确交通违法行为的处罚标准和程序。这包括规定各类交通违法行为的罚款金额、扣分制度和处罚等级,以及行政复议和司法救济的程序。交通管理法还应设立规定,加强对交通违法行为的监督和处罚执行,确保执法公正和效果。

在设立交通管理法时,应该广泛听取社会各方面的意见和建议,充分考虑城市交通管理的实际情况和需求。同时,还应加强对交通管理法律法规的宣传和培训,提高公众的交通安全意识和法律素质。只有通过完善的法律法规和有效的执法措施,才能有效推动城市交通管理工作的开展,实现交通安全和秩序的良好状态。

(二)制定行政规章和标准

1.交通设施设置的行政规章和标准

(1)对城市交通设施的规划、设计、建设和维护进行细化和规范化,确保交通设施的合理性和安全性。

(2)规定交通设施的标准尺寸、形状、材料等要求,以提高交通系统的整体效能和可持续性。

(3)明确不同道路类型(如城市主干道、次干道、支路等)的交通设施设置标准,以满足不同交通需求和改善道路通行状况。

2.交通信号灯管理的行政规章和标准

(1)规定交通信号灯的颜色、形状、位置及其使用方法,以确保交通信号灯的统一标准和有效运行。

(2)确定交通信号控制参数,如信号灯的周期长度、绿灯时间、黄灯时间等,以优化交通流量和减少交通事故。

(3)设定交通信号灯的配时方案,根据道路交通需求和交通流量变化进行调整,以提高道路通行能力和交通效率。

3.交通安全教育的行政规章和标准

(1)规定交通安全教育的内容、范围和方法,包括交通法规、交通标志、交通规则等方面的知识和技能培养。

(2)明确交通安全教育的对象和时间,例如针对学生、驾驶员、行人等不同人群的不同教育要求。

（3）规定交通安全教育的机构和责任方，明确相关部门、学校、社区等的职责和协作机制，以加强交通安全教育的组织管理和实施效果。

4.交通违法行为处理的行政规章和标准

（1）规定各种交通违法行为的分类、处罚和处理程序，以确保交通执法的公正性和一致性。

（2）明确交通违法行为的证据收集、处罚决定和申诉程序，保障交通违法行为的有效惩治和司法保障。

（3）定交通违法行为的处罚幅度和刑事责任，以起到威慑和警示作用，促使交通参与者遵守交通法规。

5.城市交通管理体系的行政规章和标准

（1）确立城市交通管理的组织架构、职责分工和协作机制，实现各部门间的信息共享和管理协同。

（2）制定城市交通管理的绩效考核指标和评价体系，以检验和评估交通管理效果和业绩。

（3）规定城市交通管理的监督和评估程序，建立监督机制和投诉渠道，保障交通管理工作的公正性和透明度。

（三）加强执法力度

1.加大执法人员的数量和质量建设

（1）增加交通执法人员的编制和配备，确保人力资源的充足性，以应对不断增长的交通管理需求。

（2）加强对交通执法人员的培训和专业素质提升，提高其执法水平和技能，使其能够有效执行交通管理任务。

（3）建立健全交通执法人员的考核和激励机制，激发其积极性和责任心，提高执法效率和质量。

2.提升执法水平和技能

（1）定期组织执法人员进行专业培训，包括交通法规、执法程序和执法技巧等方面的知识与技能培养。

（2）引进先进的执法技术和装备，如摄像监控系统、智能辅助设备等，提高执法效率和准确性。

（3）加强执法人员与相关部门的沟通和协作，形成执法联动机制，提供更加一体化的执法服务。

3.更新和改进执法装备

（1）定期更新执法装备，适应新型交通违法行为的应对需求，提高执法效果和可操作性。

（2）优化执法装备的功能和性能，提高其适应各种交通管理场景的能力，如智能化的执法设备、移动终端等。

（3）增加执法装备的投入和配备，确保执法人员在执行任务时具备所需的工具和设备。

4.提高执法效率和公正性

（1）推行科技手段辅助执法，如建立交通违法自动监测系统、电子警察等，提高执法效率和准确性。

（2）简化执法程序和流程，优化执法指挥系统，提高指挥调度效率，减少执法时间和成本。

（3）建立健全执法监督机制，加强对执法行为的监督和评估，确保执法工作的公正性和透明度。

5.加强公众参与

（1）加强交通安全宣传教育，提高公众对交通管理工作的认知和理解，培养公众遵守交通法规的意识和习惯。

（2）开展交通安全主题活动，引导公众参与交通秩序维护，促进交通文明行为的形成。

（3）建立有效的投诉与建议反馈机制，及时收集和处理公众对执法行为的意见和问题，促进公众对交通执法的满意度和支持度。

通过加强执法力度，可以有效维护城市交通秩序，减少交通事故和交通拥堵的发生，提升城市交通管理的水平和效果。同时，公众参与的加强也能够形成社会共治的良好局面，共同营造安全、有序、便捷的城市交通环境。

三、优化城市交通设施和交通网络

（一）完善道路网络布局

1.合理规划道路网的布局

（1）根据城市规划和发展需求，进行综合交通规划，确定主干道、次干道和支路等道路的位置和走向。

（2）考虑市区道路和郊区道路的差异，合理配置不同类型道路，满足不同区域的交通需求。

（3）考虑人口密度、产业布局、经济发展等因素，确定道路的宽度、车道数量和转弯半径等设计参数。

2.优化交通流分布和交通瓶颈

（1）利用交通流量调查和分析技术，了解不同时间段和地点的交通流量情况，识别瓶颈和拥堵点。

（2）结合交通运输方式的发展趋势，鼓励公共交通和非机动车出行方式，减少私家车使用，分流交通流量。

（3）利用交通仿真技术和智能交通系统，进行交通流模拟和优化方案的设计，提高道路通行能力和交通效率。

3.提高道路质量和交通安全性

（1）加强道路维护和管理，及时修复损坏路面，保持道路平整和通行安全。

（2）改善道路标线和交通标志的设置，确保驾驶员和行人能清晰识别并遵守交通规则。

（3）安装交通信号灯和智能交通设备，优化信号控制，减少交叉口拥堵和事故发生。

4.提升交通设施的便捷性和智能化水平

（1）建设多层立体交通枢纽，提供便捷的换乘条件，加强公共交通和城市轨道交通的互联互通。

（2）建设高速公路、快速路和城市环线等，提高城市的快速出行能力。

（3）推广智能停车系统和交通导航技术，提供精准的停车信息和导航引导，减少寻找停车位的时间和拥堵现象。

5.加强交通管理和监测能力

（1）建立交通管理部门和交通监测中心，加强对交通状况的实时监控和管理。

（2）制定科学的交通管理政策和措施，如限行措施、交通管制等，根据实际情况进行调整和优化。

（3）加强交通事故处理和应急预案的建设，提高交通管理部门和相关人员的处置能力和服务水平。

通过完善道路网络布局，可以有效提升城市交通的便捷性、安全性和效率性，改善居民的出行质量和生活环境。此外，还能推动城市可持续发展，促进经济和社会的繁荣与进步。

（二）优化交通信号灯布局

1.交通流量调查和分析

（1）进行交通流量调查，了解不同时间段和地点的交通流量情况，包括车辆数量、车辆类型和行驶方向等信息。

（2）利用交通流量数据，分析交通瓶颈和拥堵点，确定需要优化信号灯的交叉口。

2.红绿灯时序和相位设置

（1）根据交通流量分布和交叉口的交通需求，合理设置红绿灯的时序和相位，以最大限度减少交通延误和拥堵。

（2）可采用最小化停车等候模型等科学方法，确定红绿灯的配时参数，尽量减少车辆等待时间和行程延误。

3.智能交通系统和信号控制技术

（1）引入智能交通系统，对交通信号灯进行实时监测和控制，根据交通流量变化进行信号配时调整。

（2）利用交通信号控制技术，如车辆识别、车辆优先权控制等，提高信号灯的运行效率和交通流的通行能力。

4.自适应信号控制和区域协调控制

（1）应用自适应信号控制技术，根据实时交通流量和需求变化，自动调整信号灯的配时参数。

（2）实施区域协调控制，通过联网和数据共享，实现不同交叉口之间的信号灯协调，提高整个区域的交通效率。

5.交通管理和监测能力的提升

（1）加强对交通信号灯的维护和管理，保证信号灯的正常运行和维修及时性。

（2）建号灯的实时监测系统，监测信号灯的工作状态和故障情况，及时进行处理和维修。

（3）提升交通管理部门的管理能力，加强对信号灯布局和调整的规划与指导。

通过优化交通信号灯布局，可以有效提高城市交通的通行效率，减少交通拥堵和延误，提升道路网络的运行能力和交通安全。此外，还可以提升城市居民的出行便利性和乘车舒适度，促进城市的可持续发展和经济繁荣。

（三）增设交通设施

1.公交站点的增设

（1）通过调查和分析客流量和出行需求，确定公交站点的位置和规模，尽量覆盖人口密集的区域和交通枢纽。

（2）提供舒适的候车亭、广告牌等设施，为乘客提供便利和舒适的候车环境。

2.停车场的增设

（1）根据不同区域的停车需求和停车资源供给情况，合理设置停车场的位置和容量，充分利用现有空地或建筑物进行改造。

（2）引入智能化的停车管理系统，提供实时停车位信息和导航服务，优化车辆进出和停车流程。

3.步行道和人行过街设施的增设

（1）建设连通性良好且宽敞的人行道，确保行人出行的安全和便捷。

（2）在人行道上设置合理的人行道标线、路灯和交通指示牌，提供良好的步行环境。

（3）适时增设人行天桥、人行地下通道等人行过街设施，确保行人在交通繁忙区域的安全过街。

4.自行车道和自行车停放设施的增设

（1）建设完善的自行车道网络，为骑行者提供独立通道，增加自行车作为交通工具的可行性。

（2）在重要区域和交通枢纽设立自行车停放设施，提供安全的自行车停放场所。

5.导航和信息服务设施的增设

（1）在主要路口和交通枢纽设置导航指示牌和交通信息显示屏，为出行者提供实时的道路导航和交通信息。

（2）增设公共自行车租赁点、出租车上车点等服务设施，方便出行者选择多样化的交通方式。

通过增设交通设施，可以改善城市交通的出行环境和效率，提高人们的出行体验和便利性。同时，也有助于减少城市交通拥堵和环境污染，促进可持续的城市发展。

四、推广智能交通技术

（一）建设智能交通系统

1.数据采集和传感技术

（1）部署交通监测设备，如交通摄像头、地磁传感器等，用于实时采集交通数据，包括车流量、车速、车辆类型等。

（2）应用智能识别技术，对采集到的数据进行处理和分析，提取有关交通状态和趋势的相关信息。

2.实时交通监测和分析

（1）建立交通数据中心，对采集到的数据进行实时监测和分析，及时发现交通拥堵、事故等异常情况。

（2）利用数据挖掘和机器学习算法，对历史交通数据进行深入分析和预测，为交通管理部门提供决策支持和优化建议。

3.交通信号控制和调度

（1）基于实时交通数据和预测结果，优化交通信号控制，减少交通拥堵和排队时间。

（2）建立交通调度中心，通过智能调度系统对公交车辆、出租车等交通工具进行调度和分配，提高运行效率和服务水平。

4.路网规划和导航服务

（1）基于交通数据分析和需求预测，进行路网规划和优化，改善交通流动性和道路平衡。

（2）提供智能导航服务，根据实时交通情况为驾驶员提供最佳路线推荐，并及时调整导航策略以应对交通变化。

5.信息共享和应用

（1）与其他城市管理系统进行数据共享和集成，如公交管理系统、停车管理系统等，实现信息的互联互通和协同应用。

（2）提供交通信息查询和发布服务，向公众提供实时交通信息、路况预警等，引导出行决策和交通方式选择。

通过建设智能交通系统，可以更好地监测和管理交通流量，提高交通效率和安全性，减少拥堵和事故发生的概率。同时，也为城市管理部门提供了科学决策和精细化管理的工具，促进城市交通的可持续发展。

（二）推广电子收费系统

1.电子收费系统的原理与技术

自动识别技术：介绍自动识别技术在电子收费系统中的应用，如车辆识别技术、RFID技术等。

无线通信技术：介绍无线通信技术在电子收费系统中的作用以及常见的通信协议。

支付系统：详细介绍电子支付系统的原理和各种支付方式。

2.电子收费系统的优势与功能

提高交通收费效率：说明电子收费系统相比传统人工收费方式的快速、准确性。

降低运营成本：分析电子收费系统对人力资源和物质资源的节约效果。

提升用户便利性：谈论电子收费系统对车主的便捷性和使用体验的提升。

增强收费透明度：描述电子收费系统对收费过程的透明度和可追溯性的改善。

3.电子收费系统的推广策略

法律政策支持：介绍政府在推广电子收费系统方面的政策支持和法律依据。

基础设施建设：谈论推广电子收费系统所需的基础设施建设和投资。

宣传与教育：探讨推广电子收费系统的宣传活动和公众教育的重要性。

合作与合作：分析政府、企业和相关利益方之间的合作机制和合作模式。

（三）引入智能交通工具

为了推广智能交通工具的使用，采取以下措施，鼓励市民使用智能交通工具。

1.智能导航系统的推广

智能导航系统可以为司机提供实时的路况信息和最佳的导航路径，帮助减少交通拥堵和提高出行效率。

政府可以与相关技术公司合作，促进智能导航系统的研发和推广。

宣传活动可以增加市民对智能导航系统的认知，并展示其实际效果。

2.共享单车系统的建设

共享单车系统可以提供短距离出行的便利，减少对私家车的依赖，并促进城市绿色出行。

市政府可以与共享单车企业合作，投资建设共享单车停放点和配套设施，并推动共享单车系统的发展。

提供便捷的注册和租借流程，以增加市民对共享单车的使用意愿。

3.宣传活动的开展

开展智能交通工具的宣传活动,提高市民对智能交通工具的认知和接受度。

可以通过广告、媒体报道、社交媒体等渠道宣传智能交通工具的优点和便利性。

举办智能交通工具展览、论坛和培训活动,增加市民对智能交通工具的了解和兴趣。

4.政策支持

政府可以制定相关政策,减少智能交通工具的购买成本,鼓励市民采用智能交通工具。

提供购车补贴或税收优惠,降低市民购买智能交通工具的经济负担。

建设智能交通工具的专用停车设施,提供方便的停车条件,增加市民使用智能交通工具的便利性。

5.配套设施建设

配套设施建设是推广智能交通工具的重要环节,需要完善相关的基础设施。

建设智能充电桩、共享单车停放点、智能交通信号灯等设施,为智能交通工具的使用提供便利条件。

加强基础设施的建设规划,确保适应未来智能交通工具的需求。

第五章 物流规划与管理

第一节 物流体系规划的原则与方法

一、物流体系规划的原则

（一）整体性原则

物流体系规划应从整体上考虑，将供应链各环节有机地串联起来，形成协同运作的系统。具体包括以下几点。

1.建立完整的供应链网络

建立一个完整的供应链网络是物流体系规划的首要任务。这涉及供应商、生产厂商、分销商、零售商以及最终顾客等各个环节的有机衔接。通过分析供应链中的关键环节，确定合适的物流节点和流程，确保物流体系能够覆盖所有重要环节，并建立紧密的合作关系。例如，通过选择合适的供应商和合同管理方式，确保原材料和零部件的及时供应；通过与运输公司建立合作关系，实现快速和可靠的运输服务；同时，还需要考虑到仓储设施的布局和管理，以满足不同地区的需求。

2.统一信息平台

在物流体系规划中，建立一个统一的信息平台是非常重要的。通过该平台，各个供应链环节中的信息可以实现实时共享和交流，从而提高物流信息的可靠性和及时性。同时，也可以提供数据支持和决策分析，为物流体系的优化提供科学依据。例如，可以通过物流信息系统实现货物跟踪和监控，及时调整物流方案；通过电子数据交换（EDI）等技术手段，实现不同环节间的信息传递和共享。

3.整合资源配置

物流体系规划需要合理配置资金、设备、人力等资源，以优化物流体系的运作效率，并降低成本。这可以通过以下方式实现。

资金配置：根据不同环节的需求，合理配置资金，确保供应链各个环节的顺利运作。例如，可以通过采用供应链金融工具，提供资金支持，促进供应链的稳定和发展。

设备配置：根据物流需求，配置适当的设备，如货车、叉车、仓储设备等，提高运输和仓储效率。同时，还可以考虑使用物联网技术，实现设备的远程监控和管理。

人力配置：根据物流体系的规模和复杂程度，合理配置人员，确保各环节的协同运作。例如，可以建立专门的物流团队，负责物流规划、调度和管理，提高物流效率。

（二）顾客导向原则

1.顾客需求调研

物流体系规划应从顾客的角度出发，深入了解顾客对物流服务的需求和期望。通过市场调研、顾客反馈、客户满意度调查等方式，收集顾客对物流服务的意见和建议。例如，可以通过问卷调查、焦点小组讨论等方法，了解顾客对运输速度、准时性、货物安全等方面的关注点，确定重点改进的方向。

2.定制化服务

针对不同顾客的需求特点，物流体系规划应提供定制化的服务方案。根据顾客的要求，灵活调整物流服务的内容和流程，以满足其个性化需求，并增强顾客的满意度。例如，对于一些具有特殊要求的高端客户，可以提供专门的快速配送服务；对于批发商或零售商，可以提供定期补货和库存管理等增值服务。

3.客户体验优化

物流体系规划应着重优化顾客的整体体验感。通过改进物流服务流程，提高运输速度、准时性和可靠性，提升顾客的满意度和信任度。例如，可以采用智能化技术手段，实现货物跟踪和监控，提供实时的运输信息，让顾客随时了解货物的运输状态；同时，也可以加强售后服务，及时解决顾客的问题和投诉，并通过持续改进，提高服务质量。

通过顾客导向原则，物流体系规划可以从满足顾客需求和提升顾客满意度的角度出发，制定相应的策略和措施。这不仅能够增强企业的竞争力和市场份额，还有助于建立良好的顾客关系，提升品牌形象和口碑。同时，持续优化客户体验也是物流行业不断进步和发展的关键。

（三）经济效益原则

物流体系规划应追求经济效益最大化，通过合理配置资源、优化运输路线等方式降低成本，提高效率。具体包括以下几点。

1.成本控制

通过精细管理、合理采购和合同谈判等手段,降低物流运作中的各项成本,进而提高利润空间。

2.运输优化

通过运输路径规划、货车装载率优化等方式,减少运输里程和运输次数,降低燃料消耗和人力成本。

3.仓储优化

通过仓库布局的规划和优化,在保证服务质量的前提下,降低仓储成本和库存周转时间。

(四)灵活性与适应性原则

物流体系规划应具备一定的灵活性和适应性,能够应对市场需求变化、技术进步等因素带来的变动。具体包括以下几点。

1.弹性供应链设计

建立灵活的供应链网络,能够根据市场需求的变化调整供应商合作方式,确保供应链的敏捷性和弹性。

2.技术创新应用

关注物流技术的发展趋势,积极引进和应用物流科技,提高物流体系的智能化水平和适应性。

3.风险管理与应对

及时识别和评估潜在风险,并制定应对策略,保障物流体系在外部变化中的稳定运行。

(五)可持续发展原则

物流体系规划应注重环境保护和资源节约,通过绿色物流、循环利用等方式推动可持续发展。具体包括以下几点。

1.绿色运输选择

优先选择低碳、节能的交通工具和运输方式,降低物流活动对环境的影响。

2.环境友好仓储设计

创建环保型仓库,采用节能设施和再生材料,减少能源消耗和废弃物产生。

3.循环利用与再加工

鼓励物流流程中的资源循环利用和再加工,减少物流活动对原材料的需求。

4.社会责任承担

积极履行社会责任,参与公益事业和环境保护活动,推动可持续物流的发展。

二、物流体系规划的方法

(一)市场需求分析方法

市场需求分析是物流体系规划的基础,通过以下方法进行。

(1)调研与问卷调查:通过市场调研和问卷调查等方式,收集顾客对物流服务的需求、满意度以及改进建议,了解他们的需求特点和偏好。

(2)数据分析:通过分析市场数据,如销售额、订单数量、交货周期等,了解市场需求的趋势和变化,为规划提供数据支持。

(二)网络优化方法

网络优化是提高物流效率的关键,采用以下方法进行。

(1)运输路线优化:利用运输规划软件或算法,对运输路线进行优化规划,选择最优路径,减少运输距离和时间,降低成本,提高效率。

(2)仓储布局优化:根据产品特性和市场需求,合理设计仓库布局,减少货物搬运距离和仓储成本,提高库存周转率和服务水平。

(三)风险评估方法

风险评估是确保物流系统稳定性和可靠性的重要手段,采用以下方法进行。

(1)风险识别:识别可能对物流系统造成影响的内部和外部风险,如供应商延迟交货、自然灾害等。

(2)风险评估:对风险进行定性和定量评估,分析其概率和影响程度,确定关键风险。

(3)风险应对策略:基于风险评估结果,制定相应的风险应对策略,包括风险防范、备份计划、保险安排等。

(四)技术应用方法

技术应用是提升物流管理水平和效率的重要手段,采用以下方法进行。

(1)信息技术应用:建立信息系统,实现物流信息的实时监控、跟踪和管理,提供准确的数据支持决策。

(2)物联网技术应用:通过物联网技术,实现对货物、仓储设备、运输工具等的实时监控和管理,提高物流运作的可视化和智能化水平。

(3)人工智能技术应用:运用人工智能技术,如机器学习、预测分析等,对物流需求、库存管理等进行智能优化和预测,提高决策的准确性和效率。

(五)协同合作方法

协同合作是优化供应链流程和提高整体效能的重要方法,采用以下方法进行。

(1)供应链管理:建立供应链协同合作机制,与供应商、物流服务提供商等各方进行紧密合作和沟通,实现资源共享、信息共享,并提高整体的供应链效能。

(2)供需匹配:通过分享需求和资源信息,实现供应商与顾客的有效匹配,提高供应链的响应速度和灵活性。

(六)环境影响评价方法

环境影响评价是物流体系规划中考虑可持续发展的重要方法,采用以下方法进行。

(1)生命周期分析:对物流体系的各个环节进行全面评估,从原材料采购、生产、运输、仓储等方面,评估其对环境的影响。

(2)环境指标评价:通过建立环境指标体系,对物流体系的环境影响进行定量化评估,包括能源消耗、碳排放、废水排放等指标。

(3)环境改善措施。根据环境影响评估结果,提出相应的改善措施,如使用绿色能源、推行循环利用等,促进物流体系的可持续发展。

第二节 物流信息化与技术应用

物流是现代社会经济运行的重要组成部分,物流信息化与技术应用的发展对于提高物流效率和降低成本具有重要意义。下面将从物流信息化的定义和意义、物流信息化的技术应用以及物流信息化的挑战和发展趋势等方面进行探讨,旨在全面了解物流信息化与技术应用的相关内容。

一、物流信息化的定义和意义

物流信息化是指通过信息技术手段对物流流程进行管理和控制的过程。它以信息系统为基础,通过数据采集、传输和处理等技术手段,实现对物流全过程的监控和协调,以达到提高物流效率、降低物流成本、改善物流服务质量的目标。

物流信息化的意义主要体现在以下几个方面。

(一)提高物流效率

物流信息化通过实时监控和协调,能够快速响应市场需求,优化运输路径和模式,提高货物的运输速度和准确性,从而显著提高物流效率。首先,物流信息化可以实现对整个物流过程的实时监控和跟踪,包括采购、仓储、运输和配送等环节。通过即时掌握货物位置和状态,可以及时调整运输计划,减少等待时间和车辆空载率，提高运输效率。其次，物流信息化还可以通过数据分析和模型优化等技术手段，对物流路径进行规划和优化。根据不同的货物特性、交通状况等因素，选择最佳的运输路径和模式，减少运输里程和时间成本，提高物流效率。

（二）降低物流成本

物流信息化可以优化物流网络设计，合理规划运输资源，从而降低人力、车辆和仓储设备等成本，帮助企业降低物流成本。首先，物流信息化通过对供应链各参与方之间的信息共享和交流，可以实现运输资源的合理调配和利用。例如，通过共享运输需求信息和运力资源信息，可以实现集货、共运等合作模式，降低运输成本。其次，物流信息化还可以通过实时监控和数据分析，优化仓储设备的使用效率。通过对库存、货物周转速度等数据的监控和分析，可以及时调整仓储设备的布局和容量，减少不必要的仓储成本。

（三）改善物流服务质量

物流信息化可以实现物流过程的全程可追溯和安全监控，提供准确、及时的物流信息，从而改善物流服务质量。首先，物流信息化可以实现对货物整个流程的追踪和监控，包括采购、仓储、运输和配送等环节。通过扫描、识别技术等手段，可以实时获取货物的位置、状态和温度等信息，确保货物的安全和完整性。其次，物流信息化可以提供准确、及时的物流信息服务，方便客户查询货物状态和位置。通过物流跟踪系统和移动应用程序等工具，客户可以随时了解货物的运输进程，提前做好接货和配送准备，提高客户满意度。

（四）推动供应链协同发展

物流信息化可以实现物流各环节之间信息的共享和交流，促进供应链各参与方之间的协同合作，从而提高供应链整体效率和反应速度。首先，物流信息化可以建立供应链信息平台，实现数据的集中管理和共享。通过共享供应商、生产商、分销商等不同环节的信息，可以及时响应市场需求，协调供应链各方的生产和配送计划，减少库存和缩短供应链周期。其次，物流信息化还可以实现物流环节之间的无缝衔接和协同操作。通过标准化的数据接口和流程协议，可以实现订单、仓储和运输等环节的自动化流转，提高供应链整体效率。

二、物流信息化的技术应用

（一）物流管理系统

物流管理系统在物流信息化中扮演着重要的角色。下面将详细介绍物流管理系统在订单管理、仓库管理、运输管理和配送管理等方面的技术应用。

1. 订单管理

物流管理系统可以实现订单的自动化处理和监控。通过与企业内部或客户的订单系统进行数据交互，物流管理系统可以自动创建订单、生成运输计划，并对订单进行状态跟踪和更新。同时，物流管理系统能够根据不同的订单属性和要求，进行资源分配、路线选择和运输调度，以确保订单的准时交付。此外，系统还能提供订单的统计分析功能，帮助企业识别订单处理中的瓶颈和优化机会。

2. 仓库管理

物流管理系统可以通过仓库管理模块对仓库进行全面管理。系统可以实时监控仓库内物料的进出、存储位置和库存情况，并提供库存预警和调拨建议。通过与条码、RFID等技术结合，可以实现快速的货物入库和出库操作，避免了传统手工记录的错误和延误。此外，物流管理系统还能进行仓库布局优化，最大限度地提高仓储效率和货物流转速度。

3. 运输管理

物流管理系统在运输管理方面的应用主要包括车辆调度和路径优化。通过实时监控运输车辆的位置、状态和运载情况，系统可以根据不同的运输任务和条件，进行车辆的合理调度和路线规划。运输管理模块可以基于GPS、GIS等技术实现车辆的实时调度和路径优化，以提高运输效率和减少运输成本。同时，系统还能提供运输数据的记录和分析功能，为企业的运输决策提供支持。

4. 配送管理

物流管理系统可以实现对配送过程的实时监控和管理。通过与配送人员的移动终端设备进行数据交互，系统可以获取配送进度、签收情况和异常事件等信息，实现对配送过程的实时跟踪和监管。此外，系统还可以自动化处理配送单的生成和分配，提高配送效率和准确性。配送管理模块还可以与路由导航系统结合，为配送人员提供最优的配送路线和时间安排，以提高配送效率和客户满意度。

5. 物流信息共享与协同

物流管理系统可以建立物流信息平台，实现物流各环节之间的信息共享和交流，促进供应链的协同发展。通过与供应商、承运商和客户的信息系统进行数据对接，物流管理系统可以实现订单、库存、运输等信息的共享和实时更新。这样可以减少信息的传递和处理时间，提高供应链的响应速度和灵活性。此外，物流管理系统还可以提供供应链协同规划和优化功能，帮助企业建立更紧密的合作关系，共同提升物流效率和服务质量。

（二）自动化设备和智能仓储系统

1.自动化分拣系统

自动化分拣系统是物流仓储中常见的自动化设备之一。它通过使用图像识别、机器学习和传感技术，对货物进行自动分类和分拣。系统通过扫描货物上的条码或使用计算机视觉技术对货物进行识别，并将其分配到相应的目的地。自动化分拣系统具有高速、高效和准确的特点，可以大大提高分拣效率和减少人工成本。

2.自动导向车辆

自动导向车辆是一种能够根据预设路径和导航系统自动行驶的运输设备。它通常在仓库、物流园区或生产车间中使用，用于搬运货物或协助作业。自动导向车辆可以通过激光导航、RFID技术或视觉导引等方式实现定位和导航，具有自主避障和精确定位的能力。它可以减少人工操作，提高运输效率、减少事故风险，并且可以与物流管理系统无缝对接，实现智能化的仓储管理和任务调度。

3.自动存储和检测设备

自动存储和检测设备是指能够根据货物属性和需求，自动存储和检测货物的设备。例如，自动立体仓库系统能够利用自动提升机、输送设备和存储系统，将货物按照一定规则进行自动存储和检索。该系统可以通过与物流管理系统的对接，实现库存信息的实时更新和准确查询。此外，自动存储和检测设备还可以包括自动重量测量、体积测量和质检设备，以提高货物检测的速度和准确性。

4.智能仓储系统

智能仓储系统是通过集成自动化设备、传感器和物流管理系统，实现对仓储环境的智能化管理和优化。该系统可以实时监控仓库的温度、湿度、光照等环境参数，并根据物流需求和合规要求进行调节和控制。同时，智能仓储系统还能通过数据分析和预测算法，优化仓库布局、货物存储和取货路径规划，以提高仓储效率和减少运营成本。此外，智能仓储系统还可以与供应链各环节进行数据共享和协同，实现整个供应链的智能化管理和优化。

5.自动化设备与物流信息化的融合

自动化设备和智能仓储系统与物流信息化密切相关，二者相互融合可以实现更高效、准确和可控的物流操作。通过与物流管理系统的对接，自动化设备可以实现与其他环节的协同作业；而物流管理系统可以通过接收自动化设备的数据反馈和监控信息，进行实时调度、优化决策和分析预测，进一步提升物流效率和质量。因此，自动化设备和智能仓储系统的应用将成为未来物流行业发展的重要趋势，促进物流信息化水平的提高。

（三）运输管理系统

1. 运输调度与路径优化

运输管理系统通过实时获取车辆位置信息、交通状况和货物信息等数据，可以进行智能的运输调度和路径优化。系统可以根据不同的运输需求和货物属性，自动选择最佳的运输方案，并优化车辆的行驶路线，以减少运输时间和成本。例如，在考虑交通拥堵、道路条件和配送窗口等因素的情况下，系统可以实时调整车辆的行驶路径，避开拥堵区域或采取合适的绕行策略，确保货物能够按时送达目的地。

2. 实时监控与异常处理

运输管理系统可以通过GPS技术实时监控运输车辆的位置、行驶速度和行驶轨迹等信息。同时，系统还可以与车载传感器结合，实时获取车辆的状态信息，如温度、湿度、震动等，以及货物的状态信息，如货物是否受损、是否有异常。通过对这些数据的分析和处理，系统能够在出现异常情况时及时发出警报并采取相应的处理措施，保障货物的安全和完整。

3. 车辆调度与资源利用

运输管理系统可以通过综合考虑车辆的装载能力、运输时效和成本等因素，进行车辆调度和资源利用的优化。系统可以根据不同的运输任务和货物特性，自动分配合适的车辆和运输工具，并合理安排运输线路、装卸时间和停靠点，以最大限度地提高运输效率和降低成本。此外，系统还可以提供实时的运输数据和报表分析，帮助管理人员进行运输绩效评估和优化决策，进一步提升整体运输管理水平。

4. 货物跟踪与信息共享

运输管理系统通过与其他物流环节进行数据共享和协同，实现货物的跟踪和信息共享。系统可以提供实时的货物追踪功能，让客户或相关方可以随时了解货物的位置和运输状态。同时，系统还可以与供应链管理系统或电商平台对接，实现订单与物流的无缝衔接，提供更加便捷的货物配送服务。通过信息共享，不仅可以提升供应链的可视化和透明度，也可以实现供需双方的信息互通，促进协同作业和协同决策。

5. 数据分析与预测能力

运输管理系统具备强大的数据分析和预测能力，通过对历史运输数据和实时监控数据的分析，可以提供供应链绩效评估、成本分析、运输风险预警等功能。系统可以利用数据挖掘和机器学习算法，发现潜在的运输优化点，并为管理决策提供科学依据。例如，系统可以通过分析货物的需求模式和运输瓶颈，预测未来的货物需求和运输压力，并提前做好合理的资源调配和运输计划，以应对市场变化和不确定性。

（四）物流信息平台

1. 数据集中管理与共享

物流信息平台通过建立统一的数据标准和通信协议，实现物流各参与方之间的信息集中管理和共享。平台可以汇集供应链各环节的相关数据，包括订单信息、货物跟踪信息、运输计划、仓储信息等，以确保数据的准确性和一致性。同时，平台可以提供数据交换和共享功能，让供应链各方能够及时获取所需的物流信息，从而更好地协调和合作。

2. 协同合作与业务流程优化

物流信息平台为供应链各参与方提供了协同合作和业务流程优化的机会。通过平台上的实时数据共享和交流，供应商、物流服务提供商和客户可以更加配合地进行生产计划、运输调度和货物配送等工作。例如，供应商可以根据客户订单的信息，及时安排生产，并通过平台与物流服务提供商协调发货时间和方式；物流服务提供商可以通过平台获取供应商和客户的信息，进行运输计划和调度，提高运输效率和准时率；客户可以通过平台查询货物状态和运输情况，提前做好接收准备。

3. 运输监控与异常处理

物流信息平台可以通过与GPS、GIS等技术的结合，实现对运输车辆和货物的监控和异常处理。平台可以通过实时获取车辆位置信息、交通状况和货物状态等数据，对运输过程进行监控，并在出现异常情况时及时发出警报并采取相应的处理措施。例如，当车辆偏离原定路线或发生交通事故时，平台可以自动发出警报，并通知相关人员进行处理，以保障货物的安全送达。

4. 数据分析与智能决策

物流信息平台具备强大的数据分析和智能决策能力，可以通过对大数据的挖掘和分析，为管理决策提供科学依据。平台可以对历史运输数据和实时监控数据进行分析，提供供应链绩效评估、成本分析、运输风险预警等功能。例如，平台可以通过分析运输数据，发现潜在的瓶颈和优化点，并为管理人员提供相关建议和决策支持，以提升供应链的效率和竞争力。

5. 信息安全与服务质量保障

物流信息平台要重视信息安全和服务质量的保障。平台需要采取有效的安全措施，保护物流数据的机密性和完整性，防止数据泄露和篡改。同时，平台还需要提供稳定可靠的服务，确保供应链各参与方能够随时访问和使用平台提供的功能。为了提高用户满意度，平台还可以提供在线客服和问题解答等支持服务，帮助用户解决在物流过程中遇到的问题和困惑。

（五）大数据和人工智能技术

1.数据采集与整合

大数据和人工智能技术在物流信息化中的第一步是数据的采集和整合。物流涉及大量的数据来源，包括运输车辆的位置数据、交通状况数据、货物状态数据以及供应链的各个环节数据等。通过实时采集和整合这些数据，可以建立起完整的物流数据平台。同时，结合物联网技术，还可以将传感器数据、设备数据等信息纳入物流数据体系，进一步丰富和完善数据资源。这为后续的数据分析和智能决策提供了基础。

2.数据分析与智能决策支持

大数据和人工智能技术的核心在于对物流数据进行深度分析和挖掘。通过应用数据挖掘、机器学习和统计分析等方法，可以从海量的物流数据中提取有价值的信息和知识。例如，通过对历史运输数据的分析，可以发现运输规律和趋势，预测货物需求和运输压力；通过对供应链数据的挖掘，可以优化供应链网络和库存管理。这些数据分析的结果可以作为智能决策的依据，帮助企业做出更加科学和准确的运输规划、资源调配和风险控制决策。

3.自动调度与路径规划

大数据和人工智能技术使得物流调度和路径规划可以更加自动化和智能化。通过结合运输车辆的实时位置数据、交通状况数据和货物信息，可以实现对运输任务的自动分派和调度。例如，可以利用机器学习算法，根据不同的运输需求和货物属性，自动选择最佳的运输方案，并优化车辆的行驶路线，以减少运输时间和成本。同时，还可以实时调整运输路径，避开拥堵区域或采取绕行策略，提高运输效率。这种自动调度与路径规划的方式，不仅可以提高运输效率，还能够减少人为误差和成本。

4.运输安全管理与风险预警

大数据和人工智能技术在物流信息化中还可以应用于运输安全管理和风险预警。通过实时监测运输车辆的位置、行驶速度和货物状态等信息，结合机器学习和模式识别技术，可以实现对运输过程的实时监控和异常检测。一旦发现异常情况，如车辆盗窃、货物受损等，系统可以及时发出预警并采取相应的处理措施。同时，还可以通过对历史数据的分析，建立风险预测模型，提前发现潜在的运输风险，为管理决策提供参考。

5.数据共享与协同决策

大数据和人工智能技术也促进了物流信息的共享和协同决策。通过将物流数据与其他相关方进行共享，如供应链企业、客户、第三方物流服务商等，实现信息的互通和协同作业。这可以提高供应链的可视化和透明度，加强各方之间的合作和沟通。同时，在数据共享的基础上，通过应用协同决策技术，如协同优化、协同规划等，可以实现供需的动态平衡和资源的共享利用，提升整体物流效率和服务质量。

第三节　物流网络设计与布局

一、物流网络设计的重要性

物流网络设计是物流管理中的核心环节，它涉及物流设施的选址、仓储与运输网络的规划以及各节点之间的协调与联动。一个合理的物流网络设计可以对物流系统的效益产生巨大影响，具有以下重要性。

提高物流效率：物流网络设计的合理布局可以使产品和信息在供应链中快速、高效地流动，减少物流过程中的时间浪费和资源浪费，从而提高物流效率。合理的物流网络设计能够优化仓库、配送中心的位置，减少运输距离和运输时间，实现物流活动的高效运转。

降低物流成本：通过物流网络设计，可以合理配置仓储设施和运输工具，并优化运输路线，降低物流成本。合理选址和规模的仓库和配送中心可以降低库存持有成本和运营成本，同时优化运输路线可以减少运输成本和能源消耗。

满足客户需求：物流网络设计要充分考虑客户需求和市场特点，合理布局物流网络，确保及时交付和准确配送，满足客户的个性化需求。合理设计的物流网络可以提高物流服务的灵活性和响应速度，提高客户满意度和忠诚度。

优化资源配置：物流网络设计要协调各个物流节点之间的关系，实现资源的共享和合理利用。通过统筹规划和协同运作，可以优化仓储设施和运输工具的利用率，减少资源浪费，提高资源利用效率。

二、物流网络设计的要素

（一）仓储设施

仓储设施的数量是物流网络设计中的关键因素之一。通过分析市场需求和供应链特点，可以确定所需的仓储设施数量。数量的确定需要考虑货物种类和需求量，以及业务规模的大小。根据预测和预测的销售量，可以计算出所需的仓储设施数量。

仓储设施的规模涉及仓库的总面积、仓储容量和货架布局等。仓库的规模应与货物的存储需求相匹配。根据货物的特点和仓库操作流程，可以合理划分不同区域，以提高货物的存储效率和操作效率。例如，将货物按照种类、尺寸和重量进行分类，采用合适的货架布局和储存方式，以最大限度地利用仓库空间。

仓储设施的位置在物流网络设计中起着至关重要的作用。选择最佳的仓库位置可以实现货物的快速配送和满足客户需求。在确定仓库位置时，需要综合考虑供应商、客户和市场的地理分布，以便降低运输成本和缩短货物的运输时间。同时，还需要考虑交通便利性、土地成本和劳动力资源等因素。选址应考虑到交通设施的便捷程度，以确保货物的快速运输和流通。

仓储设施的布局也是物流网络设计中需要考虑的因素之一。合理的仓库布局可以提高货物的存储效率和操作效率。通过细致的规划和设计，可以使货物在仓库内的流动更加顺畅，减少货物在仓库内的搬移和堆放时间。货物的布局应根据货物种类、尺寸和特性选择合适的货架和存放位置，以便于货物的取放和管理。

仓储设施的安全性也是物流网络设计中需要重视的方面。仓库的安全性包括货物的防火、防盗和防损等方面。在设计仓库时，需要考虑安全设施的设置，如监控系统、报警系统、防火设施等，以保护货物的安全。此外，还需要制定相应的安全管理制度和操作规程，提高员工的安全意识和防范能力。

（二）运输方式

各种运输方式的特点和优势需要进行分析。公路运输具有灵活性和便捷性，适合于短距离和小批量货物的运输。它可以提供门到门的服务，便于货物的及时取送。铁路运输能够承载大容量的货物，并且在长距离运输中比较经济高效。它可以稳定地运输大批量货物，适用于超过公路运输能力的情况。水路运输成本相对较低，适合于大宗货物的长距离运输。水运还可以利用内河和海洋航线，拓展运输范围。航空运输速度快，适用于紧急货物和高价值货物的运输，但成本也相对较高。

考虑货物的特性和运输需求是选择合适运输方式的重要因素。不同种类的货物具有不同的特性，例如易腐、易碎货物需要选择保鲜和防护措施较好的运输方式。此外，货物的体积、重量、价值等因素也会影响运输方式的选择。例如，大宗货物可以选择水路运输或铁路运输，而高价值货物可以选择航空运输以提高安全性。

运输成本和效率是选择运输方式时需要综合考虑的因素。不同运输方式的成本和效率也不同，需要根据具体情况进行评估。公路运输相对较为便捷，但在长距离运输和大批量货物的情况下可能成本较高。铁路运输可以承载大容量货物，但速度相对较慢。水路运输成本相对较低，但运输时间较长。航空运输速度快，但成本较高。在选择运输方式时，需要综合考虑货物的紧急程度、成本预算和运输时效等因素，以平衡成本和效益。

（三）运输路线

考虑运输距离和运输时间。运输距离是指从供应商到客户的实际路程，可以通过地理信息系统等工具计算得出。运输时间则取决于所选择的运输方式、路况、交通状况等因素。一般而言，选择较短的运输距离和较短的运输时间可以减少货物运输过程中的风险和成本。

考虑交通状况。不同地区的道路交通情况可能存在差异，例如拥堵、施工等情况可能导致运输延误或风险增加。因此，在规划运输路线时需要综合考虑交通状况，选择交通畅通、风险较低的路段。可以借助实时交通信息和历史交通数据等工具进行分析和评估。

考虑运输路线的安全性和可靠性。某些地区可能存在治安问题或天气不稳定等因素，对货物的运输安全性造成威胁。因此，在规划运输路线时需要避开高风险区域，并选择经过安全可靠的路段。可以依据相关数据和专业意见进行评估。

配送点和集货点的布局也是运输路线设计的重要考虑因素。根据客户需求和市场特点，确定最佳的配送点和集货点位置。可以考虑将配送点布置在离客户较近且交通便利的位置，以提高配送效率。同时，合理布局集货点可以实现货物的集中调度和运输成本的降低。

在选择运输路线时需要综合考虑各个因素，并进行权衡和比较。可以借助专业的物流规划软件和工具，通过多次模拟和优化来寻找最优的运输路线。同时，需要根据实际情况进行灵活调整，以适应不同时间和环境的变化。

(四) 节点规模

考虑节点的容量。节点的容量是指节点能够处理和存储货物的能力。在确定节点规模时，需要根据货物的需求量来评估节点的容量需求。对于仓库来说，需要考虑货物的存储密度、货架空间利用率以及仓储设备的容量等方面。对于配送中心来说，需要考虑仓库面积、卸货和装货设备的数量和效率等因素。节点的容量与货物的种类、数量和流动性密切相关，需要综合考虑不同因素来确定节点规模。

考虑节点的运营成本。节点的规模与运营成本之间存在着一定的关系。过大的节点规模可能会增加运营成本，如租金、能耗、人员工资等方面的开支。因此，在确定节点规模时，需要综合考虑货物需求、运营效率和成本等因素，以确保节点规模与运营成本之间的平衡。可以通过经济学模型、运营数据分析等方法进行评估和优化，找到最佳的节点规模。

考虑节点的布局和位置。节点的布局和位置与物流网络的连接性和运输效率密切相关。合理布置节点可以减少货物的运输距离和时间，降低物流成本。在确定节点规模时，需要考虑节点之间的距离、运输路径的选择以及货物流向等因素。可以使用地理信息系统和网络优化算法等工具进行分析和决策，以获得最佳的节点布局和位置。

考虑节点的技术支持和自动化水平。随着物流科技的发展，节点的技术支持和自动化水平对物流效率和成本也产生着重要影响。合理利用物联网、人工智能和机器人技术等，可以提高节点的处理能力和运营效率，降低人力和时间成本。在确定节点规模时，需要考虑节点的技术支持和自动化水平，以适应物流科技的发展趋势和需求。

在确定节点规模时需要综合考虑多个因素，并进行权衡和比较。可以借助物流优化模型和数据分析方法，通过多次模拟和优化来寻找最佳的节点规模。同时，需要根据实际情况进行灵活调整和改进，以适应不同时间和环境的变化。

(五) 节点位置

考虑供应商、客户和市场的地理分布。在物流网络设计中，节点的选址应考虑到供应商和客户的地理位置分布情况。选择靠近供应商和客户集中区域的节点位置，可以降低货物的运输距离和时间成本，提高物流效率。同时，还需要考虑市场的需求和潜力，选择适合发展和扩大业务的节点位置。例如，如果某个地区的供应商集中在一个区域，而客户主要分布在另一个区域，那么在供应商和客户之间选择一个距离较近、交通便利的位置作为物流节点，可以减少货物的运输距离和时间，提高物流效率。

考虑交通便利性。节点的选址应考虑到交通设施的便捷程度。选择靠近主要交通枢纽（如港口、机场、铁路站等）或主要交通干道的节点位置，可以提高货物的运输速度和灵活性。此外，还需要考虑道路的负荷能力、交通拥堵情况等因素。选择交通便利的节点位置，可以减少货物的运输时间和成本，提高物流的可靠性和效益。

考虑土地成本和劳动力资源。节点的选址应考虑到土地价格和劳动力资源的可获得性。选择土地价格适中且稳定的区域作为节点位置，可以降低物流成本。同时，还需要考虑当地的劳动力市场和人力资源情况，确保能够获得足够的合格劳动力支持物流运营。合理利用当地的人力资源，可以提高节点运营的效率和竞争力。

考虑节点的供应链关系和重要性。节点的选址应考虑到其在整个供应链中的位置和重要性。选择与其他节点和关键供应商、客户之间距离适中的位置作为节点，可以便于协调和管理供应链的运作。同时，还需要考虑节点与其他关键设施（如生产工厂、销售网点等）的连通性和协同性，以实现供应链的高效运转。

在确定节点位置时，还需要综合考虑多个因素，并进行权衡和比较。可以借助地理信息系统和网络优化算法等工具，分析不同节点位置的优劣，并根据具体需求和目标选择最佳的节点位置。同时，需要根据实际情况进行灵活调整和改进，以适应不同时间和环境的变化。

三、物流网络设计的方法

（一）数据分析法

（1）数据收集：在进行物流网络设计之前，首先需要收集相关的物流、市场和交通数据。这些数据可以包括货物的需求量、供应商和客户的地理分布、运输路线和节点的信息等。数据的来源可以通过市场调研、供应链管理系统、运输记录等途径获取。

（2）数据清洗和整理：在数据收集完成后，需要对数据进行清洗和整理，以确保数据的准确性和完整性。这包括去除异常值、填补缺失值、处理重复数据等操作。同时，还可以对数据进行分类和编码，以便后续的分析和建模。

（3）数据分析方法选择：根据具体的物流网络设计需求和问题，选择合适的数据分析方法进行分析。常用的数据分析方法包括描述统计分析、关联规则分析、聚类分析、回归分析等。可以根据实际情况灵活运用不同的数据分析方法。

（4）物流需求分析：通过对货物需求量和地理位置的分析，可以确定物流节点（如仓库、配送中心）的位置和规模。根据货物的来源和去向，结合供应商和客户的地理位置，可以确定最佳的节点布局，以便实现货物的高效配送和交付。

（5）运输路线优化：通过分析运输路线和节点之间的距离、道路状况、交通流量等因素，可以对运输路线进行优化。优化的目标可以是最短路径、最小成本、最短时间等。通过合理规划运输路线，可以提高物流效率，减少运输成本和交付时间。

（6）节点规模确定：根据货物的需求量、供应商和客户的地理位置，结合运输距离和时间等因素，可以确定节点的规模和容量。通过分析货物的进出口情况、库存周转率等指标，来评估节点容量的合理性和可行性。

（7）成本效益分析：在物流网络设计中，成本效益是一个重要的考虑因素。通过对运输成本、库存成本、人力成本等方面的分析，可以评估不同物流网络设计方案的成本效益，并选择最具经济效益的方案。

（8）方案评估和决策：在进行数据分析的基础上，可以对不同的物流网络设计方案进行评估和比较。通过制定评价指标和权重，对方案的优劣进行定量评估，从而做出最终的决策。

在进行物流网络设计时，数据分析是一个重要的环节。通过合理的数据收集、清洗和分析，可以为物流网络设计提供科学的依据和决策支持，帮助实现物流效率的提升和成本的降低。

（二）优化模型法

（1）问题建模：在进行物流网络设计之前，首先需要将问题转化为数学模型。根据具体的设计目标和约束条件，可以选择合适的优化模型方法进行建模。常用的优化模型方法包括线性规划、整数规划、非线性规划、动态规划等。

（2）变量定义：根据问题的特点和目标，需要定义相关的变量。这些变量可以代表物流节点的位置、规模、运输路线的选择与规划、库存的配送方案等。变量的定义应该符合实际的物流需求和约束条件，同时也要考虑到模型求解的可行性和效率。

（3）目标函数和约束条件建立：根据物流网络设计的目标，可以建立相应的目标函数。目标函数可以是最小化总成本、最大化效益、最短时间、最大覆盖范围等。同时，还需要根据实际情况，制定一系列的约束条件，如容量约束、距离限制、供应商和客户的需求限制等。

（4）模型求解：通过对建立好的优化模型进行求解，可以得到最佳的物流网络设计方案。对于简单的优化模型，可以使用常规的求解方法，如单纯形法、分支界定法等。对于复杂的问题，可以借助优化软件或编程语言进行求解，如Cplex、Gurobi、Matlab等。

（5）结果分析和方案评估：在得到最佳设计方案后，需要对结果进行分析和评估。可以比较不同方案的成本、效益等指标，评估方案的可行性和优劣性。同时，还可以对设计方案进行敏感性分析，评估参数变动对方案的影响程度，以便进一步优化和调整。

通过优化模型方法，可以在考虑多个因素和约束条件的情况下，找到最佳的物流网络设计方案。优化模型具有科学性和精确性，可以提供更准确的决策依据，帮助企业实现物流效率的提升和成本的降低。然而，在建立优化模型时，需要注意数据的准确性和模型的合理性，以确保模型的可行性和实用性。

（三）地理信息系统（GIS）

（1）数据收集和整合：在使用GIS技术进行物流网络设计之前，首先需要收集和整合相关的地理数据。这些数据包括物流节点的位置信息、运输路线的长度和道路条件、市场的分布等。可以通过现有的地理数据源、卫星影像、GPS定位、调查问卷等方式获取数据，并将其整合到GIS系统中。

（2）空间分析和可视化：GIS技术提供了强大的空间分析工具，可以对地理数据进行分析、查询和统计。通过在GIS系统中绘制物流节点、运输路线和市场的空间分布图，可以直观地了解它们之间的关系和相互影响。同时，可以通过空间分析工具计算距离、路径规划、服务范围等指标，评估不同方案的优劣。

（3）地理决策支持：利用GIS技术进行物流网络设计时，可以基于地理数据和空间分析结果，为决策者提供科学的决策支持。例如，可以通过空间分析和模型求解，确定物流节点的最佳位置和规模，优化运输路线的选择和配送方案，以实现最小化成本或最大化效益的目标。通过可视化展示结果，决策者能够更好地理解和评估不同方案的优劣，进行决策时更加明智。

（4）地理风险评估：在物流网络设计中，地理风险是一个重要的考虑因素。通过GIS技术，可以对各种地理风险因素进行分析和评估，如自然灾害、交通拥堵、政治不稳定等。利用GIS系统的空间分析功能，可以绘制风险分布图，并与物流网络进行叠加分析，评估不同方案下的地理风险程度，从而选择相对较安全的物流路径和节点位置。

（5）实时监控和调整：一旦物流网络设计方案实施，GIS技术仍然能够提供实时监控和调整的支持。通过与实时数据源的连接，GIS系统可以实时更新物流节点、运输路线和市场的状态，并提供实时的地理分析和可视化展示。这使得决策者能够及时发现问题和调整方案，以应对不断变化的需求和环境条件。

（四）执行力评估法

（1）实地调研和现场考察：执行力评估法的一个关键步骤是进行实地调研和现场考察。通过亲自前往物流节点选址地、运输路线和市场等现场，可以对现有情况进行详细了解。例如，可以考察交通状况、道路拥堵程度、道路质量、道路安全等因素，以评估运输路线的实际可行性和执行力。此外，还可以考察节点选址地的土地价格、政策环境、劳动力资源等因素，以确定节点选址的实际可行性。

（2）流程模拟和优化：在执行力评估中，可以利用流程模拟和优化技术，评估物流网络设计方案在不同情况下的执行效果。通过建立合适的数学模型，模拟不同方案的物流流程，并考虑各种约束条件，如时间窗口、配送量、运输成本等。通过模拟和优化求解，可以评估不同方案的执行效率和可行性，并选择最优方案。

（3）风险评估和应对策略：执行力评估法还需要考虑物流网络设计方案在面临不同风险情况下的执行能力。例如，可以评估方案在自然灾害、交通拥堵、政治不稳定等风险因素下的可靠性和稳定性。通过风险评估，可以识别潜在风险并提出相应的应对策略，以确保设计方案的执行力。

（4）关键指标评估和监控：在执行力评估中，需要确定关键的执行指标，并进行评估和监控。这些指标可以包括物流成本、配送时间、节点运营效率等。通过对指标的评估和监控，可以及时发现问题和调整方案，确保设计方案的执行力。

（5）实施计划和资源分配：执行力评估法还需要考虑实施计划和资源分配的问题。通过制订详细的实施计划，并合理分配必要的人力、物力和财力资源，可以提高设计方案的执行力。同时，还需要考虑与相关利益相关者的沟通和合作，确保执行过程中的顺利进行。

四、物流网络设计的考虑因素

（一）供应商与客户需求

（1）供应商地理位置分布：首先需要了解供应商的地理位置分布情况，包括不同供应商所在的城市、省份或国家等信息。这有助于确定物流网络中的供应商节点和物流中心的选址。选择离供应商较近的物流节点能够减少运输距离和时间，提高物流效率。

（2）客户地理位置分布：同样地，了解客户的地理位置分布情况也是十分重要的。不同客户可能位于不同的区域或市场，因此需要考虑如何合理安排物流节点和配送路线，以满足客户的需求。同时，还可以根据客户的地理位置分析出物流网络中的客户聚集区，为特定的市场提供更加定制化的物流服务。

（3）供应商货物需求量：除了地理位置分布外，还需要考虑不同供应商的货物需求量。通过了解供应商的生产能力、订单量、季节性需求等信息，可以合理规划仓储容量和配送能力。充足的仓储和配送能力能够确保供应商的产品及时入库、存储和分发，有效地满足市场需求。

（4）客户货物需求量：类似地，了解不同客户的货物需求量也是重要的考虑因素。根据客户的订单量、销售数据等信息，可以预测和规划出物流网络中的配送容量和能力。在高峰期，需要相应增加仓储和配送能力，以应对客户需求的波动。

（5）货物种类和特性：除了考虑供应商和客户的地理位置和需求量外，还需要考虑货物的种类和特性。不同类型的货物可能有不同的储存和运输需求，例如易碎品、化学品、冷链产品等。因此，在设计物流网络时，需要确保物流设施和运输工具能够满足货物的特殊要求，保证货物的安全和品质。

（二）成本与效率

1. 成本

在物流网络设计中，成本是一个非常重要的考虑因素。首先，需要考虑建设成本，包括物流设施的建设费用、土地购买或租赁费用等。建设成本是指在物流网络建设初期所需的投资金额，包括仓库、运输设备和信息系统等方面的费用。建设成本的高低直接影响着物流网络设计方案的可行性和经济性。其次，运营成本也是物流网络设计中必须考虑的因素之一。运营成本包括设施的运营和维护费用、人工成本、运输和仓储费用等。设施的运营和维护费用包括设备的维修费用、能源消耗费用等，人工成本则涵盖了仓库员工、司机等人员的工资及相关福利费用。运输和仓储费用包括货物的运输费用以及仓库的租金或购买费用等。通过合理控制这些运营成本，可以提高物流网络的效益和竞争力。

2. 效率

效率也是物流网络设计中需要考虑的重要因素。物流网络的设计应当注重提高运输效率和货物流转速度，以满足市场需求和客户要求。为了实现更高的效率，可以采取以下措施。首先，合理选择运输方式。根据货物的种类、距离等因素，选择最适合的运输方式，如公路运输、铁路运输、航空运输或水路运输等。不同的运输方式有不同的特点和优势，正确选择可以提高整体的物流效率。其次，优化运输路线和配送方案。通过科学的路径规划和配送策略，减少货物的运输距离和时间，提高运输效率。合理的配送方案可以减少空驶率，避免资源浪费。再次，建立高效的信息系统也是提高物流网络效率的关键。通过信息系统的支持，可以实现物流信息的实时监控和管理，提高物流流程的可视化和自动化水平，减少人为错误和时间浪费。

3.综合考虑成本与效率的方法

在物流网络设计中，需要综合考虑成本和效率，找到一个平衡点。可以采用以下方法进行综合评估：首先，制定具体的评估指标体系。根据不同行业和物流网络的特点，制定适合的评估指标体系。例如，可以考虑建设成本占比、运营成本占比、货物运输时间、配送准时率等指标。其次，采用成本效益分析法进行评估。通过对每个方案的建设成本和运营成本进行估算，与相应的效益进行对比，计算各个方案的成本效益比，从而选出经济性最佳的方案。再次，可以进行敏感性分析和风险评估。在评估过程中，考虑不同因素的变动对方案经济性和效益的影响，以及可能存在的风险因素，综合考虑后做出决策。

4.成本与效率的权衡选择

在具体的物流网络设计中，需要根据实际情况进行权衡选择。一般来说，成本和效率是相互关联的。通常情况下，较低的成本可以带来更高的效率，但也可能会牺牲一定的服务质量和客户满意度。因此，在权衡选择时，需要考虑以下几个方面。首先，要根据市场需求和竞争环境来确定关键因素。如果市场对价格敏感，成本的控制会更为重要；如果市场对服务和速度要求较高，则需要更加注重效率。其次，要根据企业自身的资金状况和发展策略来确定。如果企业目前资金充足且追求长期发展，可以适当增加投资，提高物流网络的效率。如果企业资金紧张，或者更注重短期利润，可能需要降低投资，控制成本。最后，要进行多方面的评估比较。通过综合考虑不同方案的成本和效益，以及其他相关因素的影响，做出最合适的决策。在实施过程中，还需不断进行监测和调整，以确保持续的成本控制和效率提升。

在物流网络设计中，成本和效率是两个重要的考虑因素。通过合理的成本控制和效率提升，可以提高物流网络的竞争力和运营效益。在具体的设计过程中，需要综合考虑成本与效率，并根据实际情况进行权衡选择。通过科学的评估和决策,可以实现物流网络的优化和发展。

(三)风险管理

1.风险管理的重要性

风险管理在物流网络设计中具有重要意义。物流运输过程中存在各种风险,例如交通拥堵、天气变化、自然灾害等,这些风险会对物流运作产生不利影响,导致运输延误、货物损失或破坏等问题。因此,通过有效的风险管理,可以减少风险带来的不确定性,提高物流网络的可靠性和稳定性。

2.风险管理策略的制定

针对物流网络中可能面临的各种风险,需要制定相应的风险管理策略。首先,需要进行风险识别和评估,对可能发生的风险进行分析和判断。其次,根据风险的特点和影响程度,确定适当的应对措施,包括风险规避、风险转移、风险减轻和风险承担等。例如,通过选择安全可靠的供应商和合作伙伴,以及购买适当的保险等方式,将风险转移给其他方。

3.交通拥堵的风险管理

交通拥堵是物流网络中常见的风险之一。为了降低交通拥堵对物流运输的影响,可以采取多种措施。首先,可以通过交通状况监测系统实时获取路况信息,避开拥堵区域或调整运输时间。其次,可以优化运输路径,选择效率更高的道路或交通工具。此外,在物流网络设计中,可以合理规划物流设施、仓储点和配送中心的位置,以减少运输距离和时间,降低拥堵风险。

4.天气变化和自然灾害的风险管理

天气变化和自然灾害也是物流运输中常见的风险因素。为了应对这些风险,可以建立天气预警系统,并及时跟踪天气变化,以便在可能受到影响时及时采取相应的措施。例如,可以提前调整运输计划,选择更安全的路线或停止运输等。此外,对于存在自然灾害风险的地区,还可以考虑建立备用的物流设施或仓储点,以应对突发情况,并确保物流网络的稳定运作。

5.建立紧急事件应对机制

在风险管理中,还需要建立紧急事件应对机制,以便在发生紧急情况时能够迅速响应和处理。这包括指定专门的应急小组或负责人,制定详细的应急预案,并进行应急演练和培训。通过建立有效的紧急事件应对机制,可以最大限度地减少风险带来的影响,保障物流网络的稳定运作。

风险管理是物流网络设计中必不可少的考虑因素之一。通过制定合理的风险管理策略,可以降低各种风险对物流运输的影响,提高物流网络的可靠性和稳定性。在实际操作中，需对不同类型的风险进行综合评估和应对措施的制定，同时建立紧急事件应对机制，以应对突发情况。通过有效的风险管理，可以保障物流运输的顺利进行，提高客户满意度和企业竞争力。

（四）可扩展性与灵活性

1.可扩展性

（1）可扩展性是物流网络设计中至关重要的考虑因素之一。随着业务规模的增长和市场需求的变化，物流网络需要具备良好的可扩展性，以满足未来的增长需求。一个可扩展的物流网络能够适应供应商和客户数量的增加，支持更大规模的运输和分配，并且能够不断扩展和调整以适应市场的改变。

（2）为了确保物流网络的可扩展性，可以采取以下策略。

灵活的基础设施规划：在物流网络设计初期就要考虑到可扩展性，合理规划仓储设施、配送中心和运输节点的位置和容量。同时，要确保基础设施的设计能够方便后续的扩建或调整。

弹性的运输能力：确保物流网络中的运输资源能够根据需求进行灵活调度和配置。可以通过合理的车辆调度、合作伙伴合作以及租赁等方式，实现运输能力的弹性扩展。

IT系统的支持：建立先进的信息技术系统，例如物流管理系统、仓储管理系统和运输跟踪系统等，以提高物流网络的可扩展性。这些系统可以帮助实时监控和管理物流运作，并支持业务的扩展和调整。

2.灵活性

（1）灵活性是物流网络设计中必不可少的因素，它能够使物流网络适应不断变化的市场需求和客户需求。随着市场竞争的加剧和消费者需求的多样化，物流网络需要具备灵活性，以便快速响应和满足客户的个性化需求。

（2）为了增强物流网络的灵活性，可以采取以下策略。

可调整的供应链配置：将供应链设计为模块化结构，使不同环节可以相互替换或调整。例如，可以选择多个供应商或合作伙伴，根据市场需求进行灵活配货。

敏捷的运输规划：建立快速反应的运输规划机制，以便根据市场需求的变化和客户需求的变化，及时调整运输路线、运输方式和配送计划。

数据驱动的决策：通过数据分析和预测，了解市场趋势和客户需求的变化，以便及时做出调整和决策。同时，可以借助数据技术提高运输路线优化和仓储管理效率，以提供更快速、灵活的服务。

第六章 公路运输政策与规划

第一节 公路运输的地位与发展趋势

一、公路运输的地位

（一）公路运输对经济发展的重要性

公路运输的灵活性和高效性是其在经济发展中的重要优势。公路运输具有多样化的运输车辆和灵活的线路选择，可以根据货物类型和运输需求进行调整，保证快速、准时地抵达目的地。这种高效性使得生产企业能够精确控制库存和生产计划，提高生产效率和产品竞争力。

公路运输的广泛覆盖使得商品能够覆盖更广阔的市场。公路网络贯穿城市和乡村，连接着各个地区的供应链，使得商品能够被迅速分销到整个国家乃至全球各地，满足消费者的需求。公路运输的覆盖面广，能够将商品送到偏远地区和农村市场，推动农村经济的发展和消费者的福祉。

公路运输对于小批量、高频次的货物运输具有重要意义。相比其他运输方式，公路运输能够提供灵活、及时的服务，适应市场需求的变化。尤其对于各类电子商务平台和生鲜食品等需求迅猛增长的行业，公路运输具有更大的优势，能够满足他们快速配送、准时交付的要求。

公路运输可以促进区域经济发展的均衡。公路运输网络的建设和完善，使得相对落后的地区能够与经济中心地区实现更紧密的联系。这有利于资源的有效配置和优势产业的发展，促进了区域经济的协调发展，减少了区域间的经济差距。

公路运输在就业创造方面也有重要意义。公路运输的发展带动了物流、运输和相关服务等行业的发展，为社会创造了大量的就业岗位。公路运输涉及的从业人员不仅包括驾驶员和装卸工人，还包括管理人员、维修人员和技术人员等各个层面的岗位，为各类人才提供了广阔的就业机会。

（二）公路运输对区域发展的促进作用

公路运输连接城市与农村，促进城乡一体化发展。公路运输网络的建设将城市与农村地区相连，缩小了城乡之间的交通距离和经济差距。通过公路运输，农产品、土特产等农村资源能够便捷地进入市场，扩大了农产品销售范围，提高了农产品的附加值，推动了农村经济的发展。

公路运输为农村居民提供就业机会和商机。公路运输的发展为农村地区带来了许多从事货运、物流和配送等行业的企业，提供了大量的就业机会。同时，公路运输也为农村居民提供了创业机会，他们可以通过开设小型物流点、快递站点等方式参与到物流运输中，实现增收致富。

公路运输促进了城乡居民的互通有无。公路运输的畅通使得城市居民能够更加便捷地前往乡村旅游、休闲度假等地方，享受乡村风光和农村特色。与此同时，乡村居民也能够通过公路运输更加便利地前往城市参加工作、求学和购物等活动，提高了农村居民的生活品质和城乡之间的交流互动。

公路运输促进了区域间的经济协调发展。公路运输网络的完善使得不同区域之间的物流流通更加便捷高效，有利于资源的优化配置和产业的互补发展。公路运输连接了不同地区的生产基地和消费市场，促进了区域间的商品交流和经济合作，推动了整个区域的经济协调发展。

公路运输提升了区域发展的竞争力。公路运输的发展使得区域内的企业和产业链更加紧密相连，提高了产业集聚效应和经济规模效应。公路运输将不同区域的资源、人力和资本有效整合，形成更大的产业规模和影响力，提升了区域的综合竞争力。

（三）公路运输在国际贸易中的重要地位

公路运输能够快速通关，实现国内和国际货物的快速运输。公路运输作为一种灵活、高效的运输方式，能够在国际边境口岸实现快速通关，避免了烦琐的中转手续，提高了通关效率。这对于国际贸易来说至关重要，可以保证货物能够及时、迅速地到达目的地，满足市场需求。

公路运输具有覆盖面广的特点，能够到达偏远地区和市场需求量较小的地方。相比其他运输方式，如航空运输和铁路运输，公路运输能够灵活适应市场需求的变化，并且能够将货物直接送达终端客户。这对于一些小批量、高频次的货物运输具有重要意义，为国际贸易提供了更多的选择和便利。

公路运输的发展促进了国内物流配送服务的提升。随着公路运输技术和设施的不断改善，物流企业能够提供更加高效、可靠的货物配送服务。公路运输网络的覆盖面和灵活性使得物流企业能够实现快速应对和灵活调度，提供及时交付和安全保障，满足客户在国际贸易中的需求。

公路运输促进了货物流通效率的提升。公路运输作为一种灵活便捷的运输方式，能够快速将货物从生产地运送到销售地，缩短了供应链的时间和成本。同时，公路运输也可以满足紧急订单和即时交货的需求，为国际贸易提供了更高的灵活性和响应速度。

公路运输在国际贸易中的重要地位还体现在其对经济增长和产业升级的推动作用上。运输的发展能够促进交通基础设施建设和相关产业链的发展，为贸易活动提供了坚实的基础。公路运输的便捷性和高效性有助于降低物流成本，提升经济效益，使得贸易活动更具竞争力，并推动产业结构的优化升级。

二、公路运输的发展趋势

（一）智能化与自动化

智能化与自动化是公路运输领域发展的重要趋势，下面将从无人驾驶技术、智能交通管理系统和道路资源利用三个方面进行详细阐述。

1.无人驾驶技术

无人驾驶技术作为智能化与自动化的核心，将对公路运输带来深刻的变革。通过引入先进的感知、决策和控制系统，实现车辆的自动驾驶，可以提高运输效率和安全性。无人驾驶技术具备以下优势。

（1）减少人为因素对交通安全的影响，降低交通事故发生率。

（2）提高车辆的行驶稳定性和跟车距离控制准确性，改善交通流量的流动性。

（3）节省人力成本，降低运营成本。

（4）提供更多的时间和空间给驾乘人员，增加出行舒适度。

2.智能交通管理系统

智能交通管理系统通过运用先进的信息技术和通信技术，实现对道路交通的实时监测、调度和控制，能够提高公路运输的整体效率和安全性。智能交通管理系统具备以下特点。

（1）实时监测与调度：利用传感器、摄像头等设备收集和分析道路交通数据，实时监测路况并及时调度车辆，提高交通流量的效率。

（2）智能信号控制：通过对交通流量进行精确预测和动态优化，自适应调整信号灯的时序，减少交通堵塞。

（3）智能导航和路径规划：根据实时交通信息，为驾驶人员提供最佳路线选择，避开拥堵路段，提高出行效率。

（4）智能终端服务：通过移动互联网等技术，为用户提供实时的交通信息、服务评价和导航引导。

3.道路资源利用

智能化与自动化的发展也将使得道路资源的利用更加高效和合理。通过智能交通管理系统的协调调度和无人驾驶技术的应用，可以实现道路交通的优化分配和资源共享。具体措施如下。

（1）交通流量控制：通过智能信号控制和动态车道分配等手段，合理调度交通流量，降低道路拥堵。

（2）多模式交通衔接：通过多式联运促进不同交通方式间的衔接与配合，将公路运输与铁路、水运等运输方式有机结合，提高综合运输效率。

（3）智能停车系统：利用智能停车系统优化停车位资源的分配和利用，提高停车效率，减少道路停车占用。

（4）智能物流管理：通过信息技术的应用，实现对货物的快速调度、跟踪和配送，提高物流效率，减少运输时间和成本。

（二）环保与能源节约

环保与能源节约是公路运输发展的重要方向，下面将从使用清洁能源驱动交通工具、推广能源节约技术以及提高公路运输的可持续性三个方面进行详细阐述。

1.使用清洁能源驱动交通工具

为了减少尾气排放和对环境的影响，公路运输逐渐采用清洁能源驱动的交通工具，如电动车辆、混合动力车辆等。这些交通工具具备以下优势。

（1）减少尾气排放：电动车辆不产生尾气排放，混合动力车辆则在一定程度上减少了燃油消耗。

（2）降低噪声污染：相比传统燃油车辆，清洁能源驱动的交通工具运行时噪音更低，减少城市噪声污染。

（3）多样化能源选择：清洁能源包括太阳能、风能等可再生能源，减少了对有限化石能源的依赖。

（4）创造新的产业机会：清洁能源驱动的交通工具的发展推动了电池技术、充电基础设施等相关产业的发展。

2.推广能源节约技术

为了降低运输过程中的能耗，公路运输需要积极推广能源节约技术，如燃油经济性改进和智能能源管理。具体措施如下。

（1）燃油经济性改进：通过优化发动机、提高车辆轻量化、改善空气动力学性能等方式，减少车辆的燃油消耗。

（2）智能能源管理：运用先进的数据分析和智能控制技术，实现对车辆能源的精确监测、管理和调度，提高能源利用效率。

（3）驾驶行为优化：通过培训和宣传教育，引导驾驶员养成节能驾驶习惯，如合理选择行驶速度、减少急加速、急刹车等。

（4）推广新能源加注设施：加大新能源加注设施的建设力度，提供便捷的充电和加注服务，促进清洁能源交通工具的推广应用。

3.提高公路运输的可持续性

为了实现公路运输的可持续发展，除了使用清洁能源和推广能源节约技术外，还需要从以下方面加以考虑。

（1）推动物流协同发展：通过优化物流组织、提高运输效率、减少空驶率等措施，降低物流成本和资源消耗。

（2）加强运输网络建设：完善公路运输网络布局，提高道路通行能力和交通运输效率，减少拥堵和能耗。

（3）促进多式联运：通过铁路、水运等多种运输方式的衔接，实现不同运输模式的有机结合，减少长途公路运输的能耗。

（4）加强政策支持和监管：制定相关政策，鼓励和引导企业采用环保和能源节约技术，同时加强对公路运输的环保监管。

（三）多式联运

多式联运作为公路运输发展的重要方向，具有以下几个方面的优势和意义。

1.整合资源，提供全面高效的物流服务

多式联运通过整合不同运输方式的资源，如铁路、水运和航空等，实现货物的无缝转运。这样可以充分利用各种运输方式的特点和优势，提供更全面、高效的物流服务。通过合理组织和调度，可以选择最佳的运输方案，确保货物以最快的速度、最低的成本到达目的地，满足客户的需求。

2.降低成本，提高运输效率

多式联运能够利用各种运输方式的优势，避免了单一运输方式的局限性和瓶颈。通过合理利用不同运输方式的特点，可以降低物流成本。例如，长距离运输可以选择铁路或水路，而短距离配送可以选择公路运输，从而减少物流成本。同时，多式联运还可以缩短运输时间，提高物流效率，更好地满足市场需求。

3.减少对道路交通网络的压力

公路运输的发展带来了交通拥堵和环境污染等问题。而多式联运可以减少对道路交通网络的依赖，分流部分货物的运输量，从而减轻了道路交通网络的压力，缓解了交通拥堵问题。这既有利于提高公路运输的效率和可持续发展，也有助于改善城市的交通环境。

4.促进物流产业协同发展

多式联运需要各个运输方式之间的协调配合和信息共享。这就要求建立健全的协同机制和信息平台，促进不同运输方式的无缝衔接。通过多式联运，可以促进物流产业的协同发展，形成资源共享、优势互补的良好局面。这对于提升物流整体水平、提高行业竞争力具有重要意义。

5.推动经济社会可持续发展

多式联运作为一种高效、节能、环保的运输模式，有助于推动经济社会的可持续发展。它可以降低运输过程中的能耗和环境污染，在提供物流服务的同时，减少对自然资源的消耗和环境的破坏。这符合当今社会对于绿色发展、低碳经济的要求，有利于构建可持续的发展模式。

（四）数据化和信息化

数据化和信息化对于公路运输的发展具有重要的意义，主要体现在以下几个方面。

1.实时监控和管理

通过物联网和传感器技术，可以实时监控运输车辆的位置、状态和运行情况。运输企业可以通过远程监控系统，随时获取车辆的位置信息、行驶速度、油耗等数据，及时进行监管和管理。这有助于提高运输过程的可视化程度，减少运输风险，提升运输安全和效率。

2.数据分析和决策支持

通过收集和分析大量的运输数据，可以深入挖掘信息，了解市场需求和运输走向。运输企业可以通过数据分析，优化运输方案和调度计划，提高资源利用率和运输效益。同时，数据分析还可以帮助企业进行市场预测和战略决策，提前应对市场变化和竞争压力。

3.提供多样化的选择和便利

信息化技术为货主和承运商提供了更多的选择和便利。货主可以通过网络平台和移动应用程序，实时查询货物的运输状态和位置，方便跟踪货物的到达情况。而承运商则可以通过信息化平台，获取更多的运输订单和客户资源，扩大业务范围和市场份额。信息化技术的应用，促进了货主和承运商之间的互动和合作，提升了交易效率和价值链的整合水平。

4.提升服务质量和用户体验

数据化和信息化的推进，可以提升运输服务的质量和用户体验。通过实时监控和数据分析，运输企业可以及时发现问题和异常情况，进行预警和处理。同时，信息化技术还可以提供在线支付、电子运单、自助查询等功能，方便用户进行运输相关的操作和查询，提升用户的满意度和信任度。

5.推动运输行业的创新和转型升级

数据化和信息化的普及应用，推动了运输行业的创新和转型升级。运输企业可以通过引入新技术和模式，拓展业务领域和增加附加值服务，提升核心竞争力。同时，信息化技术的应用也促进了运输行业与其他行业的融合，推动物流产业链的整合和优化。数据化和信息化的发展，为运输行业带来了新的发展机遇和挑战。

（五）绿色物流和城市配送

绿色物流和城市配送是当前公路运输发展的热点领域，主要体现在以下几个方面。

1.推广电动车辆和新能源车辆

城市配送过程中，传统燃油车辆带来了噪音和尾气排放等环境问题。推广使用电动车辆和新能源车辆，可以有效减少尾气排放，降低空气污染，改善城市居民的生活环境。同时，电动车辆具有静音、低成本等优势，有助于减少噪声污染，提升城市居民的生活质量。

2.优化配送路线和方式

城市交通拥堵是影响城市配送效率的主要问题之一。通过应用智能调度系统和大数据分析技术，可以实现对城市道路交通状况的实时监控和分析，从而优化配送路线和方式。合理规划配送路线，避开交通高峰时段和拥堵路段，减少行车时间和能耗，提高配送效率。同时，灵活采用多种配送方式，如合并配送、集中配送和自提点配送等，进一步提高配送效率和服务质量。

3.建设绿色物流系统

绿色物流是指在公路运输的全过程中，采用环保节能的措施和技术，以减少对自然环境的影响。建设绿色物流系统包括建立循环经济的物流模式、优化物流节点和设施的布局、推广可再生能源的使用等。通过减少能耗、降低污染物排放和资源浪费，绿色物流系统可以有效降低公路运输的环境风险，提高可持续发展能力。

4.利用物联网和大数据分析

物联网技术和大数据分析可以实现对城市物流需求的精准预测和调度。通过感知设备、传感器等技术手段，获取运输车辆、货物和配送点等相关数据，结合大数据分析算法，可以实时了解货物的位置、数量、状态等信息，从而有效规划和调度配送任务。精准的物流预测和调度，能够提高货物的送达效率，减少运输成本和资源浪费。

5.提升配送服务质量和用户满意度

绿色物流和城市配送的发展，旨在提升配送服务质量和用户满意度。通过推广新能源车辆、优化配送路线和方式，减少物流时间和成本，提供快速、准确的配送服务。同时，结合物联网技术和大数据分析，实现货物跟踪、签收确认等功能，提升用户对配送过程的可见度和信任度。通过不断提升配送服务质量，能够满足城市居民对于便捷、高效的物流需求，提升城市整体的生活质量。

第二节 公路运输政策与道路网络规划

一、公路运输政策

（一）发展方向和目标

公路运输政策的发展方向和目标是指在制定政策时明确行业发展的方向和实现的目标。具体包括以下几个方面。

（1）提高道路网络建设水平：通过完善公路网络布局，提高道路质量和通行能力，以适应社会经济发展对于货物和人员运输的需求。这包括加强基础设施建设、改善道路质量、扩展道路网络覆盖范围等。

（2）促进公路运输与其他交通方式的互联互通：推动公路运输与铁路、水运、航空等交通方式的有机衔接，形成多式联运体系，提高运输效率和便捷性。

（3）加强公路运输组织和管理：优化公路运输资源配置，加强运输组织和调度，提高运输服务水平和效率。加强公路运输企业管理，提升管理水平和技术创新能力。

（4）强化环境保护和安全管理：制定环境保护政策，推动公路运输绿色发展，减少尾气排放和噪声污染。加强交通安全管理，提高道路交通安全水平，减少交通事故的发生。

（二）技术标准和规范

公路运输政策需要制定相关的技术标准和规范，以确保公路运输的安全性、可靠性和高效性。具体包括以下几个方面。

（1）道路设计标准：制定科学合理的道路设计标准，包括道路宽度、坡度、弯道半径等，确保道路的通行安全和舒适性。

（2）车辆技术标准：制定车辆技术标准，包括车速限制、载重限制、车辆尺寸等，确保车辆符合安全要求，并且能够在道路上正常行驶。

（3）驾驶员从业资格要求：制定驾驶员从业资格要求和培训标准，提高驾驶员的专业素质和安全意识，降低交通事故风险。

（4）货物运输技术标准：制定货物运输的技术标准，包括装载、固定和保护货物的方法，确保货物在运输过程中安全无损。

（三）产业结构调整

公路运输政策应当指导和推动公路运输行业的产业结构调整，以促进行业的可持续发展。具体包括以下几个方面。

（1）鼓励发展大型、专业化的公路物流企业：推动企业规模化和集约化发展，提高运输组织和管理水平，优化资源配置，降低运输成本。

（2）促进公路运输与其他相关产业的融合：鼓励公路运输企业与物流、仓储、供应链等相关产业合作，形成产业链和价值链，提高整体效益。

（3）推动技术创新和人才培养：鼓励公路运输企业加强科技创新，推动信息化和智能化发展，提高技术水平。加强人才培养和引进，提高从业人员的专业素质。

（4）加强规范化管理和监管力度：建立健全公路运输市场准入机制，加强行业监管，打击违法违规行为，维护公平竞争和良好秩序。

（四）政府支持和激励措施

公路运输政策应当包括相关的政府支持和激励措施，为行业发展提供支持和保障。具体包括以下几个方面。

（1）财政资金支持：向公路运输行业提供财政资金支持，用于道路建设、设备更新、技术创新等方面，促进行业现代化发展。

（2）税收优惠政策：给予公路运输企业税收优惠，减轻运输企业的负担，降低运输成本。

（3）建立公路运输信用体系：建立健全公路运输企业信用评价和监管机制，鼓励诚信经营和规范行为。

(4)加强行业监管：加大对公路运输行业违法违规行为的打击力度，维护市场秩序和公平竞争。

二、道路网络规划

（一）城市道路规划

城市道路规划是指根据城市的规模、人口分对城市内部的主干道、次干道、支路进行布局和规划的过程。具体常见的城市道路规划内容如下。

（1）道路布局：确定主干道、次干道和支路的位置、走向和长度，以满足城市交通需求。

（2）道路等级：按照交通量和作用等级划分道路等级，例如设置快速通道、城市快速路、城市主干道、城市次干道等。

（3）道路宽度：根据道路功能和交通流量确定道路的宽度，确保车辆通行的安全性和顺畅性。

（4）路口设置：合理设置交叉口，包括交叉口类型、信号灯设置、人行道设置等，以确保行人和车辆交通的安全性。

（5）道路绿化：规划道路两侧的绿化带、人行道、自行车道等，提升城市环境质量和居民出行的舒适性。

（6）公交交通规划：合理规划公交线路、站点设置和运行路线，提高公共交通出行的便捷性和覆盖率。

（二）高速公路规划

高速公路规划是指根据国家或地方的交通需求，对高速公路的布局和建设进行规划。具体内容如下。

（1）高速公路网络规划：确定高速公路的起点、终点、路线和互通节点，形成高效的高速公路网络。

（2）设计标准：制定高速公路的设计标准，包括路基宽度、坡度、弯道半径、车道数等，确保高速公路的安全性和通行能力。

（3）收费站设置：合理设置收费站，包括收费站的位置、数量、功能等，以方便收费和确保通行顺畅。

（4）服务区规划：规划服务区的位置、面积和功能，提供驾驶人员的休息、加油、用餐等服务设施。

（5）环境保护：进行环境影响评价，采取相应的生态补偿和保护措施，减少对自然环境的影响。

（三）农村道路规划

农村道路规划是指根据农村地区的农业发展、农民出行需求等因素，对农村道路的布局和建设进行规划。内容如下。

（1）农村道路网络规划：规划农村道路的起点、终点、路线和连接性，提高农村地区的交通连通性和通行能力。

（2）道路类型和标准：根据农村交通需求和路况条件，划分道路类型和制定相应的设计标准。

（3）农田联片道路规划：根据农田的连片性特点，规划农田间的道路网，便于机械化农业生产和农产品运输。

（4）安全设施设置：合理设置交叉口、标线、标志等，提高道路的交通安全性和使用效率。

（5）农村公交规划：根据农民出行需求，规划农村公交线路和站点，提高农民出行的便捷性。

（四）物流枢纽规划

物流枢纽规划是指根据物流需求和地理位置等因素，对物流枢纽的布局和建设进行规划。具体内容如下。

（1）物流枢纽类型规划：根据货物流向、运输方式等确定不同类型的物流枢纽，包括物流园区、物流中心、铁路货场、港口码头等。

（2）布局规划：确定物流枢纽的位置、规模和功能，以满足物流需求和区域经济发展的要求。

（3）运输组织规划：规划物流枢纽与道路、铁路、水运等交通方式的衔接方式和运输组织方式，提高物流的效率和服务水平。

（4）设施配套规划：规划物流枢纽周边的设施配套，包括仓储设施、配送中心、运输车辆停车场等，提供全方位的物流服务。

第三节　公路运输的发展问题与政策措施

一、公路运输发展问题

1.道路拥堵问题

随着车辆保有量的增加和城市化的进展，道路拥堵成为公路运输的主要问题之一。交通拥堵不仅影响交通效率,还造成时间浪费、能源消耗增加和环境污染加重等负面影响。

2.安全问题

公路运输安全问题是制约公路运输发展的重要因素。道路交通事故频发,给人民群众的生命财产安全带来严重威胁,同时也对社会稳定和经济发展产生不利影响。

3.车辆管理问题

一些地区出现了非法营运、违规超载等问题,严重影响了公路运输秩序和运输安全。此外,老旧车辆淘汰和更新也是一个亟待解决的问题。

4.环境污染问题

公路运输排放的尾气和噪声污染对环境和居民健康造成威胁。随着车辆保有量的增加,应加强对车辆排放的控制和治理。

二、公路运输发展政策措施

(一)交通基础设施建设

1.加强城市道路网络建设

在城市交通基础设施建设中,需要加强城市道路网络的规划和建设。可以通过优化城市道路布局,增设道路并提升道路质量,提高道路通行能力和交通效率。此外,还可以引入智能交通系统,利用先进的信息技术手段提高交通信号控制和交通拥堵监测能力,减少城市交通拥堵问题。

2.建设高速公路和快速路

高速公路和快速路是提高道路通行能力和交通运输效率的重要手段。在公路运输发展中,需要加大对高速公路和快速路的建设力度。通过建设高速公路网和快速路网,可以有效缓解长途货物运输和人员出行的压力,提高公路运输的效率和便捷性。

3.扩大道路车道数量

为了应对日益增长的交通需求,需要扩大道路车道数量,增加道路通行能力。可以通过增设车道、拓宽道路和改造瓶颈路段等措施,提高道路通行能力,缓解交通拥堵问题。此外,还可以采取高速公路动态分车道技术,根据交通流量变化调整车道数量,提高道路利用效率。

4.加强农村公路建设

农村公路建设是促进农村经济发展和农村居民生活改善的重要任务。需要加强对农村公路建设的投资和规划，提升农村交通条件。可以修建和改造农村公路，打通农村交通瓶颈，提高农村地区的交通连通性。同时，还可以推动乡村旅游和农产品流通等农村经济发展，促进农村居民就业和增收。

5.引入智能交通技术

随着信息技术的不断发展，智能交通技术成为公路运输发展的重要方向之一。可以引入智能交通系统，包括交通信号控制、交通拥堵监测与预警、交通信息发布等。通过优化交通信号控制和交通管理，提高道路通行效率和交通运输安全性。同时，还可以利用大数据和人工智能等技术手段，进行交通流量预测和交通拥堵调度，提高交通运输的智能化程度。

（二）交通管理与智能化

1.引入智能交通信号控制系统

智能交通信号控制系统是提高交通管理效率和优化交通流的重要工具。该系统利用先进的感知设备、通信技术和控制算法，实现对交通信号的智能化控制。通过实时监测交通流量和道路状况，智能交通信号控制系统可以根据实际情况进行信号配时调整，以最大限度地提高道路通行能力和交通效率。

2.加强交通流量监测与预警

交通流量监测与预警系统可以通过安装在道路上的传感器、摄像头等设备，实时获取道路上的交通流量信息。通过对交通流量进行准确监测和分析，可以预测交通拥堵情况，并及时发出警报和建议。交通管理部门可以根据预警信息采取相应措施，如调整交通信号配时、引导交通转向等，以缓解拥堵状况，提高道路通行效率。

3.优化交通信号优先控制

交通信号优先控制是指根据交通需求和道路优先级，合理安排交通信号的开放时间和配时，以提高道路通行效率。通过引入智能化技术，交通信号优先控制可以根据实时交通流量和道路状况进行动态调整。例如，在繁忙的交通路口，可以根据不同交通流的优先级，合理分配绿灯时间，以减少交通阻塞和等待时间，提高道路的通行能力。

4.推动智能导航和交通信息发布

智能导航系统可以通过车载设备或手机应用程序，为驾驶员提供实时的道路导航和交通信息。该系统根据交通流量、道路状况等因素，为驾驶员提供最佳的行驶路线，避开拥堵路段，并及时更新交通信息。同时，交通管理部门也可以通过电子信息屏幕、移动应用等方式，向公众发布交通信息和实时路况，提高交通参与者的信息获取能力和对交通状况的认知,从而减少拥堵和事故的发生。

5.加强交通数据管理与分析

交通数据管理与分析是智能交通系统建设的核心内容之一。通过对交通数据进行收集、存储和分析,可以获取交通运行状态、拥堵状况以及交通事故等信息。基于这些数据,交通管理部门可以进行深入分析,发现交通问题的症结所在,并及时采取相应的措施。此外,交通数据也为交通规划和决策提供了重要依据,为未来交通管理工作提供指导和支持。

(三)拓宽融资渠道

1.引入公路建设与经营权有偿使用

可以通过开展公路建设与经营权的有偿使用,将公路建设项目的使用权交给社会资本进行经营和管理。社会资本可以通过向用户收取一定的使用费用,回收建设投资,并获取一定的经营收益。这种方式可以吸引更多的社会资本参与公路建设,缓解政府财政压力,提高公路建设的资金保障能力。

2.推动公路租赁模式

公路租赁是指将已建成的公路交由社会资本租赁运营,政府在租赁期间收取一定的租金。社会资本在租赁期间承担公路的维护和管理责任,从中获取运营收益。通过公路租赁模式,可以将公路建设的资金风险转移给社会资本,降低政府的债务压力,同时提高公路运营效率和服务质量。

3.促进公路合作模式

公路合作是指政府与社会资本共同出资建设公路,并共同分享收益。政府可以提供土地、政策支持等资源,社会资本参与投资建设并承担运营管理责任。通过公路合作模式,可以发挥各方优势,实现风险共担、利益共享,提高公路建设和运营的效果。此外,政府还可以通过采取合理的激励措施,如税收减免、财政补贴等,吸引社会资本积极参与公路合作。

4.推行道路通行费制度

道路通行费是指在使用公路时,收取用户一定的费用来弥补公路建设和维护的成本。推行道路通行费制度可以带来稳定的资金来源,提供公路建设和维护所需的经费。同时,道路通行费也可以起到调控交通流量和缓解交通拥堵的作用。在推行道路通行费制度时,应合理设定收费标准,并建立透明的收费管理机制,以确保公路使用者的权益。

5.拓宽融资渠道，吸引社会资本

除了上述方式外，还可以进一步拓宽融资渠道，吸引更多社会资本参与公路建设。可以通过发行公路债券、设立公路基金等方式，吸引投资者参与公路建设和运营管理。同时，政府还可以积极引导商业银行和其他金融机构提供贷款和投资支持，为公路建设提供资金保障。

（四）改善车辆管理

1.加强车辆技术检测与监控

为了确保车辆在公路上具备良好的安全性能，可以加强对车辆的技术检测和监控。建立完善的车辆检测制度，对各类车辆进行定期检测，包括车辆的机械状况、制动系统、轮胎磨损等方面的检测。同时，引入先进的车辆监控技术，如GPS定位、遥感监测等，实时监控车辆的位置、速度、行驶轨迹等信息，及时发现和解决车辆安全隐患。

2.强化违规行为的处罚力度

针对超载、超速、疲劳驾驶等违规行为，需要加大处罚力度，严惩不法行为，提高合规运输的意识和积极性。建立健全违规行为的检测和处罚体系，加强对违规行为的查处和处罚，涉及驾驶员、车辆所有者、企业等相关责任主体，形成有效的震慑机制，减少违法行为的发生。

3.推动车辆更新和淘汰落后车辆

对于老旧车辆和技术落后的车辆，应推动其更新和淘汰工作。可以出台相关政策，给予优惠政策和经济补贴，鼓励车主进行车辆的更新和更换。同时，建立废旧车辆回收利用体系，确保废旧车辆能够得到有效处理和回收利用，减少对环境的污染和资源浪费。

4.建立健全车辆安全管理制度

在车辆安全管理方面，需要建立健全的制度和规范。包括建立车辆安全责任制和车辆安全管理体系，明确各方的责任与义务；制定车辆安全技术标准和规范，要求车辆制造商和销售商提供符合安全标准的产品；加强对驾驶员的培训和考核，提高驾驶员的安全意识和技能水平；加强对运输企业的监管，强化运输活动的安全管理。

5.加强信息化建设，促进车辆管理的智能化和便捷化

通过加强信息化建设，推动车辆管理的智能化和便捷化。建立车辆管理信息系统，实现对车辆和驾驶员信息的集中管理和共享，提高管理效率和准确性。引入大数据分析和人工智能技术，对车辆运行数据进行实时监测和分析，提前

预警可能存在的安全隐患,为车辆管理和维护提供科学依据。

(五)安全生产管理

1.加强安全生产管理体系建设

建立和完善公路运输安全生产管理体系,包括制定安全生产管理规章制度、明确责任分工、建立安全风险评估和控制机制等。通过建立科学的管理体系,可以提高安全生产管理的科学性和规范性,有效预防和控制安全风险。

2.推广科学技术方法和装备

引入先进的科学技术方法和装备,提升公路运输的安全性能和管理水平。例如,采用车辆定位系统、智能驾驶辅助系统等,实时监控车辆的运行状态和驾驶行为,及时预警可能存在的安全隐患。此外,还可以推广使用安全装备,如安全带、防撞护栏等,提高车辆的被动安全性。

3.提高驾驶员的安全意识和技能

加强驾驶员的安全培训和教育,提高其安全意识和技能水平。可以组织开展安全培训课程,包括交通法规、安全驾驶技巧、应急处理等方面的培训。同时,建立健全驾驶员考核与评价机制,激励驾驶员主动遵守交通规则,提高驾驶行为的安全性和规范性。

4.加强事故预防和应急救援能力

开展事故预防工作,建立事故隐患排查和整改机制。加强对道路、桥梁、隧道等交通设施的巡查和维护,确保其安全性。同时,加强应急救援能力的建设,组织开展应急演练,提升应急处置的能力和效率,降低事故损失。

5.强化安全监督和执法力度

加强对公路运输安全生产的监督和执法力度,确保各项安全标准得到有效执行。建立健全安全检查和评估制度,增加安全检查频次和力度,及时发现和处理存在的安全问题。对违法违规行为进行严厉处罚,形成强大的震慑力,促进公路运输安全生产的规范化和持续改善。

第七章 公共交通规划与管理

第一节 公共交通的组织与运营模式

一、公共交通的组织模式

（一）基于公共部门的组织模式

在基于公共部门的组织模式下，政府扮演着主导和管理的角色。政府或其授权的机构负责公共交通系统的规划、投资、建设、维护和管理。这种模式通常适用于公共交通服务较为发达的城市或地区。

（1）规划与投资：政府通过制定公共交通规划，确定线路布局、站点设置等，并根据需求投资建设相应的交通设施，如轨道交通、公共汽车站等。

（2）运营管理：政府可以直接组织运营，或委托运营企业负责具体运营工作。政府履行监管和管理职责，确保运营安全、服务质量和运营效率。

（3）资金支持：政府通过财政拨款、票价补贴等方式为公共交通提供资金支持，确保正常运营和可持续发展。

（4）政策与法规：政府制定并执行相关政策、法规和标准，如运营许可、安全规范等，以保障公共交通的顺利进行。

（5）用户权益保护：政府在组织模式的设计中要关注用户权益保护，建立投诉渠道和处理机制，确保公共交通服务的公平、公正、透明。

（二）基于市场机制的组织模式

在基于市场机制的组织模式下，公共交通的组织和运营更加注重市场竞争和经济效益。政府在这种模式下充当着监管和引导的角色，为私人资本进入公共交通领域提供支持和引导。

（1）市场竞争：政府通过开放市场，引入竞争机制，鼓励不同企业之间的竞争，以提高服务质量和效率。

（2）特许经营和合作伙伴关系：政府可以通过特许经营的方式将特定线路或区域的公共交通运营权授予私营企业，提供改善服务的动力。

（3）政府合作与监管：政府与私营企业建立合作伙伴关系，在市场竞争的前提下，制定规则、进行监管，保障服务水平、票价公正等。

（4）资金补贴和奖励：政府可以通过票价补贴、资金奖励等方式，激励私营企业提供高质量的公共交通服务。

（5）公众参与：政府鼓励公众参与公共交通的建设和管理，加强民众的参与意识和责任感，形成良好的公共交通文化。

这两种组织模式各具特点，适用于不同地区和发展阶段。无论是基于公共部门还是市场机制，重要的是确保公共交通服务的安全、便捷、高效，并能满足人们的出行需求。在实际应用中，可以根据具体情况采取综合的组织模式，以实现公共交通系统的可持续发展和社会效益最大化。

二、公共交通的运营模式

（一）定时定点模式

定时定点模式是最常见的公共交通运营模式，按照固定的时间表和线路，车辆在特定的站点上下乘客。这种模式适用于人口密集、交通需求稳定的区域，如城市中心区域或居民区。

1.优点

稳定性强：乘客可以根据时间表合理安排出行，预测到达时间，提高出行效率。

便于乘客转换：定时定点模式容易理解和使用，乘客可以很方便地在指定站点搭乘和下车。

经济效益高：通过确定的线路和时间表，运营商可以更有效地安排车辆和人力资源，提高运输效率。

2.缺点

灵活性低：定时定点模式无法根据乘客的个性化需求进行调整，对于临时出行需求不够灵活。

拥挤问题：在高峰期，定时定点模式可能导致车辆拥挤，乘客需要等待较长时间才能上车。

不适应需求变化：当交通需求发生变化或区域发生演变时，定时定点模式可能无法及时调整和适应。

（二）点对点模式

点对点模式是根据乘客的需求和需求进行运营的模式，不受固定线路和时间表的限制。乘客可以通过预约或应用程序叫车,定制出行路径和时间,提高个性化和灵活性,适用于少量需求、偏远地区或特定群体的服务。

1.优点

个性化服务:点对点模式可以根据乘客的需求进行定制化服务,满足个人出行的灵活性和便利性。

提供便利:乘客可以随时通过手机应用等方式预约车辆,无须等待在指定站点,节省等待时间。

覆盖范围广:点对点模式能够灵活扩展到不易覆盖的偏远地区或流量较小的区域。

2.缺点

成本较高:点对点模式需要更多的司机和车辆资源,可能导致成本上升,从而影响票价和可持续性。

司机管理和监管:点对点模式涉及更多的司机和车辆,需要加强对司机资质和服务质量的管理和监管。

资源利用低效:由于点对点模式是按需服务,率较高,资源利用率不够高效。

(三)快速公交模式

快速公交模式采用专用车道、优先通行权和先进的车辆技术,在繁忙的交通大动脉上提供高速、高效的公共交通服务。通过减少拥堵和行驶时间,提高运输效率,吸引私家车用户转向公共交通。

1.优点

高效快速:快速公交模式通过专用车道和优先通行权,减少交通拥堵和停顿,提高公共交通的运输速度和效率。

提升服务质量:快速公交模式通常配备先进的车辆和设施,提供更加舒适和便利的出行体验。

环境友好:通过鼓励私家车用户转向公共交通,快速公交模式能够减少交通拥堵和尾气排放,减轻环境压力。

2.缺点

建设成本高:快速公交模式需要建设专用车道、车站等基础设施,投资成本较高。

路线限制:快速公交模式通常在特定路线上运营,对于某些地区或特定需求的乘客覆盖不足。

需求匹配问题：快速公交模式的运营需要根据需求量和线路规划进行合理匹配，否则可能导致空驶率较高或线路利用率不佳。

（四）联合运营模式

联合运营模式是指不同类型和运营主体的公共交通组织共同提供服务的模式。例如，将地铁、公交、出租车、自行车共享等多种交通方式结合起来，形成一体化的公共交通网络，提供便捷的出行体验。

1.优点

综合性服务：联合运营模式能够整合不同交通方式的优势，提供更加灵活、综合的出行选择，满足乘客不同需求。

减少换乘时间：通过联合运营模式，乘客可以在相对紧密的换乘站点完成转换，减少换乘时间，提高出行效率。

综合票价和支付：联合运营模式可以实现不同交通方式之间的票价一体化和支付便利，为乘客提供无缝出行体验。

2.缺点

协调与管理难度：联合运营模式涉及不同运营主体的协调和管理，需要建立合理的合作机制和沟通渠道。

技术和信息共享：联合运营模式需要实现不同交通方式之间的技术和信息共享，确保系统互联互通和信息对接。

用户体验一致性：联合运营模式要求各个交通方式提供一致的服务标准和用户体验，提高整体运营质量。

第二节　公共交通规划与服务质量管理

一、公共交通规划

（一）基础数据调研

在进行公共交通规划前，首先需要进行基础数据调研。这一步骤包括对城市或地区的人口分布、出行特征、交通网络等基础数据的调查和分析。通过收集和整理相关数据，可以深入了解人们的出行需求以及当前的交通状况。

人口分布是公共交通规划的重要参考依据之一，它可以帮助决策者了解不同区域的人口分布密度，从而确定公共交通线路的覆盖范围和站点设置。同时，还可以根据人口特征分析不同群体的出行需求，为后续的线路设计和车辆配置提供依据。

出行特征调查是了解人们日常出行行为的重要途径。通过调查乘客的出行目的、出行方式、出行频率等信息，可以分析出行需求的多样性和变化趋势。例如，是否存在高峰期、高峰方向以及区域间的主要出行流量等，这些都可以为线路的设置和发车频率提供指导。

除此之外，还需要对城市的交通网络进行调查和分析。这包括道路网络、交通枢纽、交通设施等的情况。通过了解交通网络的现状和瓶颈，可以为公共交通线路的规划和设计提供合理的参考。

（二）路网规划

在进行公共交通规划时，需要确定公共交通线路的布局、站点设置和连接关系，以确保覆盖面广，相互衔接。具体步骤如下。

（1）确定主干线路：根据基础数据调研的结果，确定主要干道和交通枢纽，规划主干线路的走向和站点分布，并确定出行密集区域的重要站点。

（2）制定支线路线：根据人口分布和出行特征，规划支线路线，将其与主干线路相衔接，形成完整的公共交通网络。支线路线的规划需考虑到市民的出行需求，尽量满足不同区域的交通需求。

（3）考虑换乘便利性：在路网规划中，需要考虑不同线路之间的换乘便利性。合理设计换乘站点和线路的接驳关系，确保乘客在换乘过程中的便捷和舒适。

（4）考虑环保因素：在路网规划中需要充分考虑环保因素，例如优先选择经过绿地和环保区的线路，采用低碳出行方式，促进公共交通与环境的协调发展。

（三）运输需求分析

为了合理配置公共交通资源，需要通过乘客流量调查和预测方法对运输需求进行分析。具体步骤如下。

（1）乘客流量调查：通过对不同时段和地区的乘客流量进行调查，了解不同线路的客流状况。这可以通过人工抽样调查、刷卡数据分析等方式进行。

（2）运输需求预测：根据历史数据和城市发展规划，使用数学模型和统计方法进行运输需求的预测。通过预测未来的人口增长、就业分布等因素，来预估未来的运输需求，为线路设计和车辆配置提供依据。

（3）车辆配置优化：根据乘客流量调查和运输需求预测的结果，对各条线路的运力进行评估和优化。合理配置车辆数量和类型，以满足不同时段、区域的乘客需求。

（四）投资计划

制订公共交通的投资计划是为了确定资金来源和使用方式，确保公共交通规划的有效实施。具体步骤如下。

（1）确定投资目标：根据公共交通规划的需求和目标，确定投资计划的总体目标，例如提升服务质量、增加运力等。

（2）明确资金来源：明确投资计划的资金来源，包括政府投资、社会资本投入、金融机构贷款等。同时，还需考虑对外援助、PPP（政府与社会资本合作）等方式。

（3）安排资金使用方式：根据不同项目的需求和优先级，合理安排资金使用方式。重点投资的项目可以提前列入计划，确保资金的有效利用。

（4）监督与评估：对投资计划的实施过程进行监督和评估，及时发现问题并采取措施解决，确保资金使用的透明度和效益。

（五）综合交通规划

公共交通规划需要与其他交通方式的规划相结合，形成综合交通体系，以提升出行效率和便捷性。具体步骤如下。

（1）公共交通与道路规划的结合：在城市道路规划中考虑到公共交通车道、公交站点的设置等因素，提高公共交通的通行效率。

（2）公共交通与非机动交通的结合：鼓励和提供便利的非机动交通出行方式，例如步行和骑行。合理设置停车点、换乘点，优化非机动交通环境。

（3）公共交通与智能交通系统的结合：利用智能交通技术，建立实时公交信息系统，提供准确的公交到站时间、换乘指南等信息，方便乘客出行。

通过对这些方面的规划和管理，可以建立一个科学、高效、可持续的公共交通系统，为市民提供便捷、快速、舒适的出行体验。同时，还可以降低城市交通拥堵、空气污染等问题，促进城市的可持续发展。

二、公共交通服务质量管理

（一）运营安全管理

在公共交通服务质量管理中，运营安全是至关重要的方面。以下是一些常见的运营安全管理措施。

（1）制定安全操作规程：制定和完善公共交通运营的安全操作规程，明确各岗位职责和操作流程，以确保操作的标准化和规范化。

（2）进行培训与教育：加强驾驶员和乘务人员的安全培训和教育，包括技术操作、紧急事故处理、服务态度等方面的培训，提高其安全意识和应急能力。

（3）车辆设备维护保养：建立车辆设备维护保养制度，定期对车辆进行检修和保养，确保其正常运行和安全性能。

（4）安全巡逻和监控：加强对公共交通线路和车辆的巡逻监控，及时发现和处理安全隐患，提高运营的安全水平。

（5）应急预案与演练：制定并演练各类突发事件的应急预案，提高应对突发事件的能力和效率。

（二）线路网络优化

线路网络优化是提高公共交通服务质量的重要手段。以下是常见的线路网络优化措施。

（1）根据乘客需求进行优化：通过分析乘客出行特征和需求，调整线路布局和站点设置，提高线路的服务覆盖范围和到达频率。

（2）减少换乘和等待时间：合理设计线路之间的接驳关系，减少乘客换乘的次数和时间，同时优化发车间隔，减少乘客的等待时间。

（3）考虑人口密度和就业分布：根据城市人口密度和就业分布情况，合理规划线路的走向和站点设置，以满足不同区域的交通需求。

（4）利用智能交通技术优化线路：通过利用智能交通系统，收集乘客出行数据和交通流量数据，对线路进行实时监测和调整，提高线路的运营效率和准确性。

（三）乘车环境改善

提升乘车环境是提高公共交通服务质量的关键因素。以下是一些常见的乘车环境改善措施。

（1）更新升级车辆内部设施：定期维护和更新车辆的座椅、空调系统、音响设备等内部设施，保持其良好状态和舒适性。

（2）调节车厢空气质量：加强车辆空气质量的监测和管理，定期清洁空调系统和更换过滤器，确保乘客乘车期间的空气质量良好。

（3）完善车站设施：对公交车站进行改造和升级，设置候车亭、座椅、垃圾桶等设施，提高乘客的候车舒适度。

（4）提供无障碍设施：为老年人、残疾人等特殊群体提供无障碍设施，例如轮椅坡道、盲道等，方便他们乘坐公共交通工具。

（四）服务态度提升

提升服务态度是改善公共交通服务质量的重要措施。以下是一些常见的服务态度提升措施。

（1）员工培训：加强员工的服务意识和服务技能培训，培养他们良好的职业道德和服务态度。

（2）加强乘客教育：通过宣传和教育活动，引导乘客文明乘车，倡导礼貌、守规矩的行为，营造和谐的乘车环境。

（3）投诉处理机制：建立健全的投诉处理机制，及时处理和解决乘客的投诉，并采取有效措施改进服务质量。

（4）定期满意度调查：定期开展乘客满意度调查，了解乘客对服务质量的评价和意见，从中发现问题并改进服务。

（五）信息化建设

信息化建设可以提供更便捷、准确的公共交通服务。以下是一些常见的信息化建设措施。

（1）实时车辆位置和到站预测：通过安装车载GPS设备，实时追踪车辆位置，并通过应用程序或显示屏向乘客提供准确的车辆到站预测。

（2）乘车信息查询系统：建立乘车信息查询系统，乘客可通过手机应用或网站查询公交线路、到站时间等信息，提前安排出行。

（3）电子支付方式：推广使用电子支付方式，例如刷卡、扫码支付等，方便乘客购票乘车，减少现金流通和人员接触。

（4）公共交通数据分析：利用大数据分析技术，对公共交通数据进行深入分析，发现潜在问题和改进空间，优化运营管理策略。

（六）票价管理

票价管理是公共交通服务质量管理的重要一环。以下是一些常见的票价管理措施。

（1）制定公正合理的票价政策：根据成本、市场需求和服务质量等因素，制定公正合理的票价政策，确保票价的合理性和可承受性。

（2）票价透明：向乘客提供明确、透明的票价信息，包括票价标示和宣传，使乘客能够清楚了解乘车费用。

（3）鼓励使用电子支付方式：推广使用电子支付方式购票，方便乘客支付车费，减少排队和等候时间，提升乘车便捷性。

（4）定期评估和调整票价：根据市场需求、成本变化和公共交通服务质量的提升情况，定期评估和调整票价，保持票价的合理性和稳定性。

通过以上措施的实施和管理，可以提高公共交通服务的质量水平，满足乘客的出行需求，促进城市公共交通的可持续发展。

第八章　跨境运输政策与规划

第一节　跨境运输政策的制定与协调机制

一、跨境运输政策的制定

（一）跨部门协调

（1）建立跨部门协调机制：为了确保跨境运输政策的制定和执行能够顺利进行，政府需要建立一个跨部门协调机制。该机制应包括各相关部门的代表，如交通部、海关总署、商务部等，以及其他可能涉及的部门代表。这个机制可以通过定期召开会议、建立协商机构或设立专门的工作小组来实现。机制的目标是促进信息共享、协同工作和政策一致性，确保跨境运输政策的协调实施。

（2）信息共享与协同工作：在跨境运输政策的制定中，各相关部门之间需要共享信息，并进行协同工作。通过建立信息交流平台，政府可以确保各部门对跨境运输市场、行业发展和政策实施的了解和共识。此外，政府还可以建立信息共享机制，使得各部门能够及时获取有关跨境运输领域的重要数据和信息。例如，交通部可以提供有关运输需求和基础设施建设的信息，海关总署可以提供有关贸易和关务的信息，等等。通过信息共享和协同工作，政府可以更好地了解行业需求和挑战，从而有效制定相关政策和措施。

（3）制定统一的政策目标：在跨境运输政策的制定过程中，政府需要确立一致的政策目标。这需要各相关部门共同商讨并达成共识，以确保政策的一致性和协调性。例如，政府可以制定一个整体目标，如提高跨境运输的便利性、促进贸易畅通、保障运输安全等。然后，各部门可以根据自身的职责和功能，制定相应的措施和政策细则，以实现这些统一的目标。通过统一的目标和协调的政策措施，政府可以提高政策的执行效果和社会效益。

（4）地方政府和利益相关方的参与：在跨境运输政策的制定中，地方政府和其他利益相关方的参与至关重要。跨境运输涉及不同地区和领域的利益，因此政府需要与地方政府和相关利益方进行充分的沟通和协商。地方政府可以提供有关本地区运输需求和特点的信息，同时也需要了解并支持中央政府的政策目标。利益相关方包括运输企业、进出口商、国际组织等，政府需要听取他们的意见和建议，并在政策制定中予以考虑。通过地方政府和利益相关方的参与，政府可以制定更加符合实际需求和市场规律的跨境运输政策。

（5）监督与评估机制的建立：为了确保跨境运输政策的有效执行和实施效果，政府需要建立相关的监督与评估机制。这可以包括对政策执行情况的监测和评估，以及对政策实施效果的定期评估。政府可以委托第三方机构进行评估工作，以评估政策对跨境运输市场、经济发展、社会效益等方面的影响。通过监督与评估机制的建立，政府可以及时了解跨境运输政策的执行情况和存在的问题，从而及时调整和改进政策措施，提高政策的针对性和可持续性。

（二）政策研究和评估

（1）国内外运输市场调研：政府在制定跨境运输政策之前，需要对国内外运输市场进行全面调研。这包括各种运输方式（如陆路、水路、航空等）的现状和发展趋势，不同地区和行业的运输需求，以及国际贸易和物流的发展情况等。通过调研，政府可以了解到运输市场的基本情况、存在的问题和挑战，为政策制定提供参考依据。

（2）政策可行性分析：政府在制定跨境运输政策时，需要进行政策可行性分析。这包括对政策目标的合理性和可实现性的评估，对政策措施的可操作性和有效性的分析，以及对政策实施所需资源和成本的估算。政府可以借鉴相关经验和案例，进行对比分析和模拟计算，评估政策的可行性和可持续性。通过可行性分析，政府可以避免制定不切实际或难以执行的政策，确保政策的科学性和有效性。

（3）影响评估：政府在制定跨境运输政策时，需要对政策的影响进行评估。这包括对政策对经济、环境和社会等方面的影响进行综合评估。例如，政策可能对运输成本、经济增长、就业创造、资源利用、能源消耗、碳排放等产生影响。政府需要通过量化和定性方法，对这些影响进行分析和评估，以了解政策对各方面的利益和风险，并采取相应的措施来优化政策效果和减少不良影响。

（4）参与利益相关方：在政策研究和评估过程中，政府需要广泛听取和参考各利益相关方的意见和建议。利益相关方包括运输企业、行业协会、研究机构、社会组织等。政府可以组织专题座谈会、听证会、调查问卷等形式，与利益相关方进行充分的沟通和交流。通过参与利益相关方，政府可以获取到更全面和多样化的信息和观点，提高政策研究和评估的科学性和针对性。

(5) 定期监测和评估：政府在制定跨境运输政策后，需要建立定期的监测和评估机制，对政策实施效果进行跟踪和评估。通过收集和分析相关数据和指标，在一定时间范围内对政策的执行情况和影响进行评估。政府可以借助第三方机构进行独立评估，以提高评估结果的客观性和权威性。通过定期监测和评估，政府可以及时发现问题和挑战，调整政策措施，保证政策的适应性和可持续性。

通过以上的政策研究和评估工作，政府可以制定更加科学、有效的跨境运输政策，推动运输领域的发展和优化。同时，政府还需要做好政策宣传和解释工作，与各利益相关方共同参与政策的实施，以促进政策的顺利执行和实现预期效果。

（三）制定法规和标准

（1）法规制定：政府在制定跨境运输的法规时，需要考虑到国家法律法规的要求和国际规则的约束。首先，政府可以参考相关国际组织（如国际航空运输协会、国际海事组织等）发布的标准和指南，以确保跨境运输的法规与国际接轨。其次，政府应当结合国内运输市场的实际情况和需求，制定符合国家利益和发展方向的法规。政府需要充分听取各利益相关方的意见和建议，开展立法调研和评估，确保法规的科学性和合理性。

（2）标准制定：政府在制定跨境运输的标准时，需要根据不同的环节和参与主体，制定相应的技术标准和操作规范。例如，针对运输工具的安全，政府可以制定车辆载重标准、船舶航行安全标准等；针对货物的检验检疫，政府可以制定进出口货物检验检疫标准、危险品运输标准等；针对司机资质的要求，政府可以制定驾驶员从业资格认证标准等。政府可以借鉴国际、地区和行业的标准，结合国内实际情况，制定适用的标准。同时，政府还需要考虑到标准的可操作性和实施效果，与各利益相关方进行充分沟通和协商，确保标准的科学性和可行性。

（3）法规实施和监管：政府在制定跨境运输的法规后，需要建立相应的实施和监管机制。这包括明确法规的具体执行部门和责任主体，制定配套的实施细则和操作指南，加强对运输企业和从业人员的培训和监督。政府可以通过建立信息化平台和监测系统，提高对运输行为的监管能力。同时，政府还需要加强执法力度，对违法违规行为进行查处和惩罚，形成有效的法规落地和执行机制。

（4）标准推广和应用：政府在制定跨境运输的标准后，需要积极推广和应用这些标准。政府可以通过宣传教育、培训培优、奖励激励等方式，提高运输企业和从业人员对标准的认知和理解。政府可以与行业协会、研究机构等合作，开展标准推广活动和示范工程，推动标准的应用和实施。同时，政府还可以鼓励企业进行标准认证，提高企业竞争力和市场信誉度。

（5）定期评估和修订：跨境运输的法规和标准应当根据实践经验和发展需求，进行定期评估和修订。政府可以组织相关部门和专家进行法规和标准的评估，收集各方反馈意见和建议，及时调整和完善法规和标准内容。通过定期评估和修订，政府可以推动法规和标准与时俱进，适应新形势和新需求，确保运输行为的规范性和可持续性。

通过制定法规和标准，政府可以有效规范跨境运输行为，提高运输的安全性和可靠性，促进跨境贸易和物流的发展。同时，政府还需要加强对法规和标准的宣传和培训，提供政策支持和服务，确保法规和标准的顺利实施和落地。

（四）货物和人员通关便利化

（1）简化通关手续：政府可以通过简化跨境货物和人员通关手续，减少烦琐的文件和证明要求，提高通关效率。例如，政府可以推行单一窗口平台，整合各个部门和机构的通关手续，实现信息共享和一次申报多部门审批。此外，政府还可以采用预先申报制度，提前获取必要的通关信息和文件，减少现场核验和审批时间。

（2）推进电子口岸建设：政府可以加强电子口岸的建设，在通关环节应用现代化信息技术，提高通关流程的自动化和数字化水平。例如，政府可以推广电子数据交换（EDI）系统，实现企业与海关之间的电子数据互通；推动智能检测设备的使用，提高货物安全性的监管水平；推进无纸化通关，减少纸质文件的使用和存储成本。

（3）加强信息共享与合作：政府可以与其他国家的关务机构建立联络机制和信息共享平台，加强通关数据和信息的交流与共享。通过与其他国家的合作，政府可以提前获取相关数据和信息，加快通关流程，提高通关效率。政府还可以与企业、跨境贸易协会等利益相关方合作，共同推进通关便利化措施的制定和落地。

（4）加强人员培训与技能提升：政府可以组织培训和技术交流活动，提高海关工作人员的专业知识和技能水平。通过加强人员培训，政府可以提高海关人员对国际贸易规则和通关程序的理解和掌握，减少错误操作和延误时间，提高通关效率和服务质量。

（5）优化监管风险管理：政府可以建立完善的风险管理机制，采用智能化监管手段，实现对跨境货物和人员的精确监管和快速查验。政府可以通过先进的技术手段，如大数据分析、人工智能等，对风险进行预警和评估，优化资源配置，加强对高风险货物和人员的检查和监管，提高通关的安全性和便捷性。

通过以上措施，政府可以促进跨境货物和人员的便捷通关，在保障安全的前提下，提高通关效率和服务质量，为企业和个人提供更加便利的跨境运输环境，推动贸易便利化和经济发展。同时，政府还需要加强与相关部门和国际组织的合作，不断完善通关便利化政策和措施，适应新形势和新需求，推动通关便利化工作的持续改进和创新。

（五）促进国际合作

（1）参与国际组织和合作机制：政府可以积极参与国际组织和合作机制，如世界贸易组织（WTO）、国际民航组织（ICAO）等。通过参与这些组织和机制，政府可以与其他国家进行交流和合作，分享经验、借鉴先进实践，共同推动国际贸易和跨境运输的便利化。政府可以参与国际组织的会议和工作组，就跨境运输相关议题进行讨论和协商，推动制定共同的标准和规则。

（2）建立合作伙伴关系：政府可以与其他国家建立合作伙伴关系，在跨境运输领域开展合作和交流。政府可以派遣专业团队赴对方国家进行交流访问，学习其成功经验和先进实践，了解其通关便利化政策和措施。政府还可以与其他国家签署合作协议，就通关便利化、货物检验检疫、信息共享等方面开展合作，共同推动跨境运输的便利化和贸易的畅通。

（3）加强双边和多边合作：政府可以利用双边和多边对话机制，与其他国家就跨境运输进行合作和协商。政府可以举行高层对话、部长会议等形式的会议，就通关便利化、贸易便利化等议题进行讨论和磋商。政府可以与其他国家签署双边或多边协议，建立合作机制，共同推动跨境运输的便利化和贸易的畅通。政府还可以通过多边机构和平台，如亚太经合组织（APEC）、上海合作组织（SCO）等，与多个国家开展合作，加强地区间的互联互通和合作。

（4）促进信息交流与共享：政府可以与其他国家加强信息交流与共享，建立信息共享平台和机制。政府可以与其他国家共享有关通关手续、法规标准、货物安全等方面的信息，提前获取相关数据和信息，加快通关流程，降低通关成本。政府可以与其他国家共同开发和使用信息技术工具，促进数据互通和信息交流，在共享信息的基础上，实现更加便捷高效的跨境运输服务。

(5)推动贸易便利化进程:政府可以推动贸易便利化的进程,通过国际合作和协商,降低贸易壁垒,减少非关税措施,简化贸易程序。政府可以与其他国家共同推动自由贸易协定的签署和实施,加强国际贸易规则的制定和执行,为企业提供更加便利的国际贸易环境。政府还可以与其他国家合作,推行单一窗口平台,实现通关手续的一次申报多部门审批,提高通关效率和贸易便利化水平。

二、跨境运输政策的协调机制

(一)国际合作机制

(1)国际海事组织(IMO):IMO是一个专门处理国际海事事务的联合国专门机构,致力于制定全球航运行业的标准和规则。政府可以积极参与IMO的工作,与其他成员国就跨境货物和人员通关相关的政策进行协商和合作,推动全球范围内的通关便利化和安全管理标准的统一。

(2)国际民用航空组织(ICAO):ICAO是联合国专门负责民用航空事务的国际组织。政府可以参与ICAO的会议和研讨活动,与其他成员国分享经验和最佳实践,就航空货物和人员通关的规范和程序进行协商和合作,推动通关便利化和航空安全的提升。

(3)国际道路运输联盟(IRU):IRU是一个致力于促进国际道路运输合作的组织,政府可以通过与IRU的合作,借鉴其他国家在道路运输通关方面的经验,制定更加便捷高效的通关政策和措施。政府可以参与IRU的研讨会和培训活动,与其他成员国分享信息和技术,推动道路运输通关的标准和程序的协调与统一。

(4)区域经济合作组织:政府可以通过参与区域经济合作组织(如亚太经合组织、欧盟等)的工作,促进区域范围内的通关便利化和政策协调。这些组织通常会制定共同的贸易和运输政策,为成员国提供指导性文件和准则,政府可以借鉴这些文件和准则,制定相应的通关政策和措施。

(5)双边或多边贸易协定:政府可以与其他国家签订双边或多边贸易协定,在协定中明确规定通关便利化的目标和要求,并就通关手续、信息共享、人员培训等方面进行合作。通过与其他国家的合作,政府可以实现通关便利化的互利共赢,推动经济发展和贸易便利化。

通过以上国际合作机制,政府可以借鉴其他国家的经验和最佳实践,与其他国家共同制定通关便利化的标准和规则,提高通关效率和服务质量。同时,政府还可以通过国际组织和跨国合作框架，与其他成员国分享信息和技术，共同应对通关便利化面临的挑战和问题，推动全球范围内的通关便利化工作的持续发展和进步。

（二）双边协议和谅解备忘录

（1）双边协议：双边协议是两个国家之间达成共识和开展合作的法律文书。在跨境运输领域，双边协议可以涉及多个方面，包括运输许可、运输权益保护、航空合作、道路运输等。通过签署双边协议，各国可以就这些问题进行协商和合作，确定共同的政策和操作规范。

例如，在运输许可方面，双边协议可以规定双方允许的运输方式、运输工具和货物类型，以及相关的许可程序和要求。通过明确的规定，双边协议可以促进运输行业的发展和便利化，减少不必要的限制和阻碍。

另外，在运输权益保护方面，双边协议可以确保跨境运输企业在对方国家享有公平竞争的机会，并得到合理的权益保护。这包括司法互助、纠纷解决机制等方面的合作，为运输企业提供更加稳定和可靠的运营环境。

（2）谅解备忘录：谅解备忘录是两个国家之间就特定问题达成共识和合作的非法律文件。与双边协议不同，谅解备忘录通常是一种更加灵活和临时性的合作机制，用于解决具体的问题或推动特定项目的合作。

在跨境运输领域，谅解备忘录可以涉及各种问题，如海关合作、信息共享、安全合作等。通过签署谅解备忘录，各国可以就这些问题进行共同合作，并交换经验和信息，寻求解决方案。谅解备忘录可以提供一个平台，促进各国之间的互相理解和合作，加强在特定领域的协调与配合。

通过双边协议和谅解备忘录，各国可以在平等互利的基础上进行合作，分享经验和资源，共同应对跨境运输面临的挑战和问题。这些文件的签署和执行有助于促进全球范围内的通关便利化和运输合作，推动经济发展和贸易便利化。

（三）区域性合作机制

（1）欧洲共同体项目（EU）：EU推动成员国之间铁路运输协调和互联的重要机制。该项目旨在促进欧洲各国铁路运输的无缝连接和互通，提高货物和人员的流动效率，推动欧洲的经济一体化。

欧洲共同体项目通过建设标准化的铁路设施和运营规范，促进不同国家之间的铁路运输的互联互通。该项目包括跨国铁路线路的建设、运输设备的标准化和互操作性等方面的合作。通过统一的标准和规范，各国的铁路系统可以更加高效地运行，为欧洲范围内的贸易和人员流动提供便利。

（2）亚太经济合作组织（APEC）运输工作组：APEC是一个旨在推动亚太地区经济合作和发展的多边机构。APEC的运输工作组负责促进成员经济体在运输领域的政策交流、技术合作和经验分享。

运输工作组致力于推动亚太地区各成员经济体之间的运输政策协调和合作。该工作组关注的领域包括交通基础设施建设、物流和供应链管理、海上运输安全等。通过定期举办会议、研讨会和技术交流活动，运输工作组为亚太地区成员国提供了一个交流和合作的平台，推动跨境运输政策的协调和发展。

（3）非洲联盟运输部门：AU负责推动非洲各国运输合作和发展的机构。运输部门致力于加强非洲各国之间的交通互联互通，促进运输网络的发展和现代化，提高非洲大陆内部和与国际社会的连接性。

非洲联盟运输部门的重点工作包括推动道路、铁路、航空和海运等运输领域的基础设施建设、制定统一的运输政策和标准、促进区域间的协调和合作等。通过这些努力，非洲联盟运输部门致力于实现非洲范围内的贸易便利化、经济一体化和可持续发展。

（4）拉美国家间运输委员会：CIT是由拉美和加勒比地区各国政府组成的合作机构，旨在促进区域范围内的运输发展和合作。该委员会通过交流经验、协调政策和推动合作项目，致力于改善运输基础设施、提高交通运输效率和促进贸易便利化。

拉美国家间运输委员会涉及的领域包括道路、铁路、航空和海运等多种运输方式。通过定期举办会议、研讨会和培训活动，拉美国家间运输委员会为拉美各国提供了一个交流和合作的平台，推动跨境运输政策的协调和发展。

（5）东盟地区论坛（ARF）海上物流工作组：ARF是一个旨在促进亚洲地区安全和合作的政府间多边机构。ARF的海上物流工作组致力于增强东盟地区成员国之间的海上物流合作和互连。

海上物流工作组关注的议题包括港口管理、航运安全、海上安全和环保等方面。工作组通过举办会议、研讨会和培训活动，就这些议题展开交流和合作，推动东盟地区的海上物流合作和发展。通过加强海上物流合作，东盟成员国可以提高货物运输的效率和可靠性，促进地区内贸易和经济发展。

（四）跨部门协调机制

（1）跨境运输工作组：政府可以设立跨境运输工作组，由涉及跨境运输的相关部门的代表组成。该工作组的目标是促进各部门之间的沟通和协调，以保障跨境运输政策的制定和执行顺利进行。工作组可以定期召开会议，讨论并解决各部门在跨境运输领域遇到的问题，制定相应的政策和措施。

跨境运输工作组可以有效整合各部门的资源和专业知识，协调解决跨境运输中的挑战和难题。通过提供一个交流和合作的平台，工作组可以加强政府各部门之间的合作和协调，推动跨境运输政策的统一性和有效性。

（2）跨境运输协调委员会：政府也可以设立跨境运输协调委员会，由涉及跨境运输的各部门和相关利益方组成。该委员会的职责是协调各部门之间的政策和行动，以确保跨境运输活动的顺利进行。

跨境运输协调委员会可以制定并推行统一的政策和标准，解决各部门之间的利益冲突，促进合作和协调。委员会可以定期召开会议，共同研究和决策与跨境运输相关的重要问题，确保政策的一致性和协调性。

（3）跨境运输统筹办公室：跨境运输统筹办公室是一个设立在政府内部的机构，负责协调和指导跨境运输工作。该办公室由多个部门的代表组成，负责制定和推行跨境运输政策、规划和项目等。

跨境运输统筹办公室具有整体规划和决策的职责，协调各部门之间的工作，推动跨境运输政策的顺利实施。办公室可以通过建立信息共享和协作机制，提高各部门之间的沟通效率，加强资源整合和合作，促进跨境运输的高效和可持续发展。

（4）跨境运输政策协调委员会：政府可以设立跨境运输政策协调委员会，由涉及跨境运输的部门和利益相关方组成。该委员会的职责是制定、调整和协调跨境运输政策，确保各部门之间的政策一致性和协调性。

跨境运输政策协调委员会可以定期召开会议，就跨境运输政策的制定和实施进行讨论和决策。委员会可以通过与相关利益方的合作，获取各方的意见和建议，确保政策制定的公正性和全面性。

（5）跨境运输政策研究机构：政府可以建立专门的跨境运输政策研究机构，负责对跨境运输政策进行研究和评估。该机构可以由政府部门或学术机构负责运营，汇集专家学者和业界人士的智力资源，开展政策研究和政策评估工作。

跨境运输政策研究机构可以提供政策制定的科学依据和建议，为政府决策提供参考。该机构还可以与其他国际组织和研究机构进行合作，分享经验和最佳实践，促进跨境运输政策的创新和发展。

这些跨部门协调机制可以帮助政府在跨境运输领域实现政策的协调、资源的整合和决策的一致性。通过各部门间的合作与协调，可以推动跨境运输政策的顺利实施，提高运输效率，促进经济发展和贸易便利化。

（五）数据共享和信息交流

（1）建立跨境运输信息交流渠道：政府之间可以建立定期的会议、研讨会、工作组等形式的交流机制，促进各国之间在跨境运输政策方面的信息共享。通过这些机制，政府代表可以就政策实施情况、经验教训、技术创新等进行交流，增进彼此的了解和学习。

跨境运输信息交流渠道还可以包括政府部门间的联络机制，例如设立联络人，确保定期沟通和信息交换。同时，各国还可以分享有关跨境运输政策、法规、标准等的文件和指南，加强政策间的对比和学习。

（2）建立跨境运输数据平台：政府可以考虑建立跨境运输数据平台，用于收集、存储和分析有关跨境运输的数据。该平台可以涵盖各个环节的数据，包括货物流动、运输成本、时间效率、运输安全等方面的数据。

跨境运输数据平台可以提供数据共享和数据交换的功能，各国可以在平台上分享自己的数据并获取他国的数据。通过对数据的统计和分析，政府可以了解到不同国家之间的运输情况和趋势，发现问题和瓶颈，并为跨境运输政策的制定和协调提供科学依据。

（3）加强技术合作与信息交流：政府可以鼓励各国在跨境运输领域进行技术合作，促进技术创新和经验分享。可以通过设立技术研讨会、专家交流等形式，让各国的专业人士集思广益，共同探讨解决方案和最佳实践。

此外，政府可以利用现代通信技术和互联网平台，建立在线论坛、社交媒体群组等，为跨境运输相关人员提供一个交流和互动的平台。这些渠道可以促进各国之间的即时沟通和信息交流，帮助解决问题和推动合作。

（4）建立跨境运输数据安全机制：数据共享和信息交流必须伴随着对数据安全和隐私的保护。政府应建立相应的数据安全机制，确保跨境运输数据的安全性和保密性。

在建立跨境运输数据平台和其他信息交流渠道时，政府应采取合适的技术手段和安全措施，加密和保护数据，防止数据泄露和非法使用。政府还可以制定相关法规和政策，明确数据共享的权限和责任，建立相应的监管机制，确保数据的合法性和可靠性。

（5）建立国际合作机制：跨境运输政策的协调需要各国之间的密切合作。政府可以积极参与国际组织和论坛，如联合国大会、国际贸易组织等，与其他国家分享经验、推动合作，并参与国际标准的制定和推广。

通过加强国际合作,政府可以获取更多的国际经验和最佳实践,拓宽政策制定和协调的视野,提高跨境运输政策的有效性和可行性。

这些数据共享和信息交流机制可以帮助政府了解跨境运输政策的实施情况、互相学习经验,为制定合理、协调的政策提供科学依据。同时,有效的数据共享和信息交流还有助于促进各国之间的合作,推动跨境运输的便利化和高效性。

第二节　跨境运输规划与基础设施建设

跨境运输规划与基础设施建设是指在国际贸易活动中,为了促进跨境货物的流动和交通的便利而进行的规划与建设工作。这项工作涉及道路、铁路、水路、航空等不同的交通方式,以及相关的物流设施和服务。

一、跨境运输规划的目标和原则

(一)跨境运输规划的目标

跨境运输规划的主要目标是实现跨境货物的顺畅运输,提高运输效率和降低运输成本。具体来说,可以归纳为以下几个方面。

(1)提高运输效率:跨境货物的运输涉及不同国家的边境过程、清关手续等环节,通过制定合理的规划,可以优化运输路线、提高运输速度、减少等待时间,从而提高整体运输效率。

(2)降低运输成本:跨境运输往往面临着复杂的交通条件、不同国家的法律法规以及货物的特殊性等因素,通过规划合理的运输方式和路线,可以减少中转次数、节约燃料消耗,并通过规模化、集约化等方式降低运输成本。

(3)实现无缝衔接:跨境货物的运输需要在不同国家之间进行衔接,需要确保运输环节的无缝对接,减少货物的损耗和延误,提高整体的运输可靠性。

(4)推动贸易发展:跨境运输规划旨在促进国际贸易活动,促进各国合作和交流,扩大贸易规模,推动区域经济一体化的发展。

(二)跨境运输规划的原则

在跨境运输规划中,需要遵守一系列原则,以确保规划的有效性和可持续性。主要包括以下几个方面。

（1）制定统一的规则和标准：跨境运输需要遵守国际上通用的运输规则和标准，如国际贸易公约、国际运输协议等，以确保货物能够在不同国家之间无缝衔接，减少运输过程中的摩擦和纠纷。

（2）加强合作与协调：各国之间应建立起互信和合作的机制，共同推动跨境运输的发展。需要加强政府之间的协商和沟通，建立跨部门、跨机构的工作机制，同时也要加强与国际组织和相关行业协会的合作，共同解决跨境运输中的问题。

（3）提高运输安全性：跨境运输涉及国家之间的边境问题，需要确保运输过程的安全性，防止非法活动和货物失窃等问题的发生。可以通过加强边境管控、提高运输设施的安全性、加强信息共享等方式提高运输安全性。

（4）提高信息化水平：借助信息化技术，实现货物跟踪与监控，提高运输过程的透明度和可控性，减少潜在的风险。通过建立信息化平台，实现各个环节的信息共享和交互，确保运输过程的顺利进行。

二、跨境运输基础设施建设的主要内容

（一）建设跨境运输通道

跨境运输通道是跨境运输基础设施建设的核心内容之一，它涉及道路、铁路、水路和航空等不同的运输方式。

（1）道路：建设跨境公路网，包括改善边境公路口岸设施，扩建国际大型公路桥梁和隧道等，以便货物能够顺畅地进出国境。此外，还要加强道路交通管理，在边境公路上设置检查站和监控设施，确保货物的安全和合规。

（2）铁路：建设跨境铁路线路和相关设施，提高铁路运输能力和效率。这涉及修建新线路或改造现有线路，增加国际铁路联运的能力，促进国际货物的快速通行。

（3）水路：建设跨境的水路运输通道，包括河流、港口等水路设施的建设和改善。通过开发内陆水运通道、修建深水港口等措施，提高水路航运的效率和能力，促进跨境贸易的发展。

（4）航空：建设跨境航空运输网络和机场设施，提高航空货运的能力和效率。这包括增加国际航线、提升机场运营能力、完善货物装卸等设施，以便更好地服务于跨境货物运输需求。

（二）建设边境口岸设施

边境口岸是进行跨境贸易和运输的关键节点，边境口岸设施的合理建设可

以提高货物通关的速度和效率。

（1）货物检验：建设现代化的检验设施，包括货物安全检查、品质检验和合规性检验等。这样可以确保货物的质量和安全问题得到有效监控，遏制假冒伪劣产品的流入。

（2）报关手续办理：建设便捷的报关通关系统，采用电子化报关手续，提高报关办理的效率。这包括建设合理的报关大厅、推行一体化报关服务平台，减少人工环节和纸质文件的使用。

（3）交通组织：优化边境口岸周边的交通组织，确保货物进出口流畅。可以通过规划合理的进口和出口通道，合理安排货运车辆的流量，减少拥堵和延误。

（三）建设跨境物流园区

跨境物流园区是为了提供更好的物流服务而建设的综合性园区，它集中提供货物装卸、仓储、配送等一系列物流服务，以提高运输效率。

（1）货物装卸：建设现代化的装卸设备和作业平台，提高装卸效率。同时，应推行装卸标准化和自动化，减少人工操作，提高作业精度和安全性。

（2）仓储设施：建设现代化的仓储设施，包括普通仓库、冷链仓库等，以满足不同货物的存储需求。此外，还可以建设跨境保税仓库，促进跨境贸易的便利化。

（3）配送服务：建设高效的配送网络，优化运输路线和模式，提供灵活、准时的配送服务。可以通过引入物流信息技术，实现智能化的配送管理，提高运输效率和准确性。

（四）提升物流信息化水平

借助物联网、大数据等技术手段，实现货物跟踪、信息共享和流程的电子化，是提升跨境运输基础设施的重要方向。

（1）物流信息平台：建设跨境物流信息平台，实现物流信息的集中管理和共享。通过该平台，各个环节的信息可以及时传递和交换，方便货物的跟踪和管理。

（2）货物跟踪与监控：利用物联网技术，实现对货物的实时跟踪和监控。可以通过在货物上安装传感器和GPS设备，获取货物的位置、温度、湿度等关键信息，并将数据传输到物流信息平台进行分析和处理。

（3）流程电子化：推行电子报关、电子运单等流程电子化手段，减少人工环节和纸质文件的使用，提高流程的效率和准确性。

第九章 运输与区域发展

第一节 运输发展与区域经济的关系

一、运输发展促进区域经济增长

运输作为连接不同地区的关键环节,与区域经济发展密切相关。以下是运输发展与区域经济之间的几个关系。

(一)促进资源优化配置

1.提升资源获取能力

运输发展可以改善地区之间的物流连接,使得资源从丰富的地区能够快速运送到需求紧缺的地区。例如,在某地区拥有丰富的农产品产地,通过发展运输网络,可以将这些农产品快速运送到其他地区,满足消费者的需求,推动农产品行业和相关产业的发展。同时,也可以将其他地区的工业品、原材料等运送到资源匮乏的地区,满足其生产和发展的需要。

2.优化生产要素配置

运输发展可以促进不同地区之间的生产要素的优化配置,提高效率和产出。例如,在某地区拥有优质的土地资源和劳动力,但缺乏先进的生产设备和技术。通过发展运输网络,可以将先进的生产设备和技术从其他地区运送过来,使该地区的生产要素配置更加均衡,提高生产效率和产出水平。

3.市场扩大和精细化

运输发展可以缩小地理距离,促进市场的扩大和精细化。通过发展运输网络,商品和服务可以更便捷地流通到各个地区,使得市场范围扩大,市场需求更加多样化。这不仅有利于企业拓展销售市场,扩大产能规模,也能促进消费者多元化的选择和享受。

4.促进产业协同发展

运输发展可以促进地区产业之间的协同发展,形成产业链、价值链和供应链。例如,在某地区发展了高效的物流体系,吸引了相关产业的集聚,如物流、仓储、配送等。这样可以降低产业链上的交易成本，提高供应链的效率，促进企业之间的合作与协同，推动整个区域产业的发展和经济增长。

5.提升区域竞争力

运输发展可以提升地区的竞争力，吸引更多的投资和资源流入。通过发展高效的运输网络，使得地区在物流交通、商贸流通等方面具备明显优势，成为投资和企业发展的热门区域。这样可以带来更多的资金、技术、人才等要素流入，促进企业创新与发展，提升地区的整体竞争力。

（二）扩大市场规模

1.运输网络的完善对市场规模扩大的影响

运输网络的完善可以极大地缩小地理距离，提高商品和服务的流通效率。当运输更加便捷时，企业可以更轻松地将产品送达消费者手中。这不仅能够拓展企业的销售渠道，也能够增加潜在市场的规模。通过提供更广泛的商品和服务选择，运输网络的完善可以促进经济发展和区域间的贸易。

2.运输网络的完善对企业扩大市场的重要性

企业需要扩大市场规模以实现增长和盈利。运输网络的完善为企业拓展销售渠道提供了便利，使得产品能够更快、更便捷地到达消费者手中。这意味着企业能够进入更广阔的市场，吸引更多的消费者，并满足他们的需求。通过扩大市场，企业可以提高销售量和收入，并在竞争激烈的市场中保持竞争力。

3.运输网络的完善对投资和资源流入的吸引力

一个完善的运输网络能够吸引更多的投资和资源流入该地区。当企业看到一个地区具备了高效的运输网络时，他们更有可能将资金和资源投入到该地区。投资和资源的流入将为当地经济带来新的机遇和增长点，推动经济的发展。

4.运输网络的完善对区域经济增长的推动作用

运输网络的完善不仅仅对单个企业有利，也对整个地区的经济增长起到推动作用。当运输网络完善时，商品和服务的流通更为便捷，各个地区之间的贸易活动会增加。这将促进产业链的形成和扩展，推动区域内的产业协同发展。同时，运输网络的完善也会提高劳动力市场的灵活性，使得人员在不同地区工作和流动更加方便，进一步促进了区域经济的增长。

5.运输网络的完善对社会发展的影响

运输网络的完善除了对经济发展有着积极的影响，也对社会发展产生重要影响。通过更好地连接不同地区，运输网络提供了更多的交流和互动机会。这将促进文化、技术和知识的传播，促进城市化进程和人口流动。同时，完善的运输网络也使得人们能够更方便地享受到来自其他地区的优质商品和服务，提高了生活质量。

（三）提高生产效率

1.运输发展对物流成本的降低

运输发展可以降低物流成本，主要体现在以下几个方面。首先，高效的运输网络可以减少运输中的拥堵和耗时。拥堵和长时间的运输会导致物流成本的增加，因为企业需要支付更多的人力资源和燃油费用。通过发展高效的运输网络，可以缩短运输时间，减少等待和停留时间，从而降低了物流成本。其次，运输网络的完善可以提高运输的可靠性和及时性。当企业能够准时获取所需的原材料和零部件时，生产过程中的等待时间和生产周期就会大大缩短。这有助于降低企业的库存成本和仓储费用，并提高生产效率。此外，高效的运输网络可以提供更多的运输选择和服务。企业可以根据自身需求选择更经济、便捷的运输方式，如航空运输、铁路运输或多式联运等。这样可以降低企业的运输成本，并使其更加灵活地调整运输方案，提高物流效率。

2.运输发展对生产过程中的运输效率的提高

运输发展对生产过程中的运输效率有着重要影响，主要表现在以下几个方面。首先，高效的运输网络可以提供更快速的物流通道。当企业需要将产品从生产地点运送到销售地点时，一个快速、高效的运输网络可以大大缩短产品的运输时间。这有助于降低企业的等待时间和生产周期，提高生产过程中的运输效率。其次，运输网络的完善可以提高运输的准确性和可靠性。可靠的运输服务意味着交货时间更加可预测，企业可以更好地安排生产计划，并减少因运输延误导致的生产中断。这有助于提高生产过程中的运输效率，避免资源的浪费和生产能力的闲置。再次，运输网络可以提供更多的运输选择和服务。企业可以根据产品特性和市场需求选择合适的运输方式和方案。例如，对于需要快速交付的产品，可以选择航空运输；对于批量较大的产品，可以选择铁路或水路运输。通过选择合适的运输方式，企业可以提高运输效率，降低生产成本，并使生产过程更加顺畅。

3.运输发展对生产成本的降低和资源利用效率的提高

运输发展可以降低企业的生产成本，并提高资源利用效率。主要表现在以下几个方面。首先，高效的运输网络可以降低企业的物流成本。物流成本包括原材料采购成本、运输成本、仓储成本等。通过运输网络的完善，物流环节的效率提高，物流成本也相应降低。这意味着企业可以以更低的成本获取所需的资源，从而降低生产成本。其次，运输发展可以提高资源的利用效率。通过高效的运输网络，企业可以及时获取所需的原材料和零部件，避免库存积压和资源闲置。此外，运输网络的完善还可以提供更多的市场选择，使得企业能够将产品输送到更广阔的市场，达到更好的资源利用和销售效果。再次，高效的运输网络还可以促进不同地区之间的合作和资源共享。通过运输网络的连接，企业可以更便捷地与供应商和合作伙伴进行合作，实现生产要素的优化配置，并提高资源利用效率。

4.运输发展对企业竞争力的提升

运输发展对企业竞争力的提升具有重要意义，主要表现在以下几个方面。首先，高效的运输网络可以使企业提供更快速、可靠的交付服务。通过及时交付产品，企业能够满足客户的需求，并建立良好的信誉和口碑。这有助于提高企业的市场份额和竞争优势。其次，运输网络的完善可以提供更广阔的市场机会。当企业能够快速、经济地将产品输送到更广阔的市场时，可以吸引更多的潜在客户，并拓展销售渠道。这为企业增加了销售额和利润空间，同时也增强了企业的市场竞争力。再次，高效的运输网络还可以提高企业的生产灵活性和响应能力。当企业需要调整生产计划或应对市场需求变化时，一个快速、灵活的运输网络可以及时支持企业的调整，并保证产品的及时交付。这有助于企业更好地适应市场竞争环境，增强竞争力。

5.运输发展对区域经济的推动作用

运输发展对区域经济的推动作用不容忽视，主要表现在以下几个方面。首先，运输发展可以促进资源的优化配置。当企业和供应商之间的运输更加便捷时，可以选择更合适的资源配置方案，实现资源的互补和协同发展。这有助于推动区域内各产业的发展，并促进产业链和价值链的形成。其次，高效的运输网络可以提升区域的可及性和可连通性。当地区的物流和运输网络完善时，可以吸引更多的投资和企业进驻该地区，推动区域经济的快速发展。同时，也能够促进人员的流动和交流，加强区域内各地之间的合作与合力。此外，运输发展还可以带动相关产业的发展。例如，运输业的发展需要相关的设备、技术和服务支持，这将促进相关产业的增长。同时，高效的运输网络也为其他产业的发展提供了便利，如电子商务、物流仓储等。这些产业的发展将进一步推动区域经济的繁荣。

（四）促进投资和就业

1.运输发展带动基础设施投资

运输发展通常需要大量的基础设施投资，如公路、铁路、港口等。这些基础设施的建设和维护需要大量的资金投入，从而带动了相关产业的发展和投资需求。首先，基础设施的建设和运营需要购买大量的设备、材料和技术支持，这促进了相关产业的发展。例如，在公路建设中，需要购买工程机械、建筑材料等；在铁路建设中，需要采购铁轨、列车等设备。这些设备和材料的需求带动了相关供应商和制造商的发展，并刺激了相关产业链的增长。其次，基础设施建设和运营过程中需要大量的人力资源，为就业提供了机会。在基础设施建设阶段，需要大量的工程人员、技术人员和劳动力参与施工和运营工作。这不仅提供了丰富的就业机会，也促进了人口流动和城市化进程。

2.基础设施投资对相关产业的推动

基础设施投资对相关产业的推动起到了重要作用，主要表现在以下几个方面。首先，基础设施建设和运营需要大量的原材料和支持服务。投资和建设基础设施会带动相关产业的需求增加，如钢铁、水泥、建筑材料等。这些产业的发展对于国民经济的增长具有重要影响，同时也为相关产业链和价值链的形成提供了条件。其次，基础设施的建设和运营需要相关技术和服务的支持。例如，在公路建设中，需要工程设计、施工监理等技术和咨询服务；在港口运营中，需要物流、航运等相关服务。基础设施投资的增加将促进这些技术和服务行业的发展，并提供了更多的就业机会。此外，基础设施的建设和运营过程中还涉及了设备维护、安全管理等方面的需求。这推动了相关产业的发展，如设备制造、安全监管等。基础设施的投资和发展将带动这些产业的增长，从而推动了经济的发展和创造更多的就业机会。

3.投资和就业对人口流动和城市化的促进

基础设施投资和相关产业的发展不仅带动了经济增长，也推动了人口流动和城市化进程。首先，投资和就业的增加吸引了更多的人口流向投资热点和经济发展区域。这些人口流动带来了人力资源的集聚和优化配置，为经济发展提供了更充足的人才支持。其次，投资和就业的增加促进了城市化进程。随着基础设施建设和相关产业的发展，城市在吸引投资和就业机会方面具有较大的优势。投资和就业的增加推动了城市规模的扩大和城市功能的完善，提高了城市的吸引力和竞争力。此外，投资和就业的增加也带动了城市基础设施的建设和改善。随着城市规模的扩大，城市需要更多的基础设施支持，如道路、交通、水电等。这进一步推动了基础设施投资的增加和城市建设的进步。

4.投资和就业对经济增长的推动

投资和就业的增加对经济增长起到了重要的推动作用，主要体现在以下几个方面。首先，投资的增加促进了经济的发展。基础设施投资的增加将带动相关产业的发展，增加了产值和利润的创造。这不仅推动了相关行业的发展，也提供了更多的就业机会，促进了居民收入的增加。其次，就业的增加提高了居民的消费能力。随着就业机会的增加，居民的收入水平提高，购买力增强。这有助于扩大内需市场，推动经济的消费升级和产业结构的优化。再次，投资和就业的增加还带动了其他相关行业的发展。例如，随着企业规模的扩大和就业机会的增加，相关服务行业如餐饮、零售等也会得到推动。这进一步促进了经济的多元化和产业链的延伸。

5.投资和就业对地区经济的差异拉平

投资和就业的增加对地区经济的差异拉平起到了积极作用。首先，投资和就业的增加可以吸引资金和人才流向边远地区和经济欠发达地区，促进地区之间的协调发展。这有助于减少地区经济的差距，实现资源的优化配置和协同发展。其次，投资和就业的增加可以提高边远地区和经济欠发达地区的经济活力和竞争力。随着基础设施建设和相关产业的发展，这些地区的投资环境和发展条件得到了改善，吸引了更多的资金和企业进驻，从而促进了地区经济的增长。再次，投资和就业的增加还可以促进地区间的技术交流和合作。当不同地区之间有更多的投资和就业机会时，人员和企业之间的流动性增强，技术和创新也更容易进行跨地区的传播和分享。这有助于推动地区经济的协同发展和互补优势的形成。

二、区域经济对运输发展的需求

（一）便捷的运输网络

（1）高速公路：高速公路是区域经济发展中重要的运输方式之一。通过建设高速公路网，可以提供快速、安全、畅通的道路通行能力，缩短货物的运输时间，降低运输成本。高速公路连接各个区域的生产中心、消费中心和物流中转站，促进货物的快速流通和市场的互联互通。

（2）铁路：铁路作为重要的货运方式，在区域经济发展中起到关键作用。铁路具有大运量、稳定性强的特点，适合长距离、大批量的货物运输。通过建设高速铁路和货运专线，提高铁路运输的速度和效率，加强与其他运输方式的衔接，实现多式联运，为区域经济的发展提供可靠的运输支持。

（3）航空：航空运输可以快速连接不同地区，尤其适用于远距离和紧急货物运输。随着航空技术的不断发展，航空运输的速度和效率得到显著提升。通过发展航空货运基地和航空物流网络，加强航空运输与其他运输方式的协调，可以满足区域经济对快速、高效运输的需求，促进跨境贸易和国际物流的发展。

（4）水路：水路运输是为满足大批量、长距离货物运输需求而建设的重要运输方式。通过发展内河、沿海和深海水运，建设港口和码头设施，实现水路与陆路的无缝衔接，可以降低运输成本，提高运输效率。水路运输在资源类商品和大宗货物的运输中具有独特的优势，为区域经济的发展提供可持续的运输支持。

（5）多式联运：多式联运是将不同的运输方式有机结合起来，形成一个统一的物流体系，以提高运输效率和服务水平。通过建设物流枢纽和互联互通的运输网络，实现公路、铁路、航空和水路等多种运输方式的衔接，可以优化货物的运输路径，减少运输时间和成本。多式联运能够为区域经济提供灵活、高效的运输选择，促进产业协同发展和区域间的经济合作。

（二）高效的物流服务

（1）建设现代化的物流基础设施：高效的物流服务需要建设完善的物流基础设施，包括货运站、仓储设施、交通网络等。这些基础设施应当满足快速、安全、便捷的要求，能够实现物流节点之间的高效连接和货物流通。此外，还需要加强对物流基础设施的维护和更新，保障其长期稳定运行。

（2）提高仓储和配送设施的效率和容量：仓储和配送是物流服务中至关重要的环节。为了提高物流效率，需要优化仓储和配送设施的布局和设计，减少操作时间和距离，提高货物的周转速度和装卸效率。此外，还需要增加仓储和配送设施的容量，以适应日益增长的物流需求。

（3）引入先进的物流管理和信息技术：物流管理和信息技术在提高物流服务效率和精确度方面发挥着重要作用。通过引入先进的物流管理系统和信息技术，可以实现对物流过程的监控和控制，实时追踪货物位置和状态，提供更准确的预估和计划，优化调度和路线选择，提高物流服务的可靠性和灵活性。

（4）提升物流服务的质量和效益：为了提高物流服务的质量和效益，需要加强对物流服务过程的监控和评估。通过建立一套完善的质量管理体系，对物流服务进行标准化和规范化管理，确保物流服务符合客户需求和预期。同时，还应当注重提升物流服务的附加值，提供增值服务如包装、定制化配送等，满足不同客户的多样化需求。

（5）加强物流企业间的协作与合作：物流服务需要多个环节的协同配合才能实现高效运作。因此，物流企业之间应加强协作与合作，形成物流产业链的完整闭环。通过建立物流信息共享平台，实现信息的互通与共享，提高合作伙伴之间的沟通和协调能力。此外，政府部门还应制定相关政策和法规，为物流企业提供良好的经营环境和政策支持，推动物流服务的一体化和专业化发展。

（三）可持续的运输发展

（1）加强能源节约与环境保护技术的研发和应用：在可持续的运输发展中，需要加强对能源的节约利用和环境保护技术的研发和应用。例如，推动电动车辆的普及和使用，减少传统燃油车辆的使用量，降低尾气排放和空气污染。此外，还可以探索清洁能源驱动的交通工具，如氢燃料电池车、太阳能驱动的交通工具等，减少对化石燃料的依赖。

（2）制定和实施严格的环保标准和政策：为了促进可持续运输发展，需要建立健全的法律法规体系，制定和实施严格的环保标准和政策。通过限制和控制污染物的排放，如二氧化碳、氮氧化物、颗粒物等，可以减少运输对大气环境的影响。同时，加强对污染物排放的监管和治理，对不符合环保要求的车辆进行行业向环境友好型转变。

（3）鼓励多式联运和物流协同：多式联运是指在货物流动过程中，通过多种运输方式的有机衔接，实现运输效率和资源利用的最大化。通过鼓励多式联运和物流协同，可以减少运输中的空驶和二次装卸，提高运输效率和资源利用率。此外，还可以优化运输网络的布局和设计，减少运输距离和时间，降低运输成本和能源消耗。

（4）推广智能交通系统和信息技术应用：智能交通系统和信息技术在提高运输效率和资源利用方面发挥着重要作用。通过建设智能交通系统，实现交通流量的优化调度和监控管理，减少交通拥堵和能源浪费。同时，通过信息技术的应用，实现运输过程的可视化和实时监控，优化路径选择和货物跟踪，提高运输效率和可靠性。

（5）加强合作与国际交流：可持续运输发展是一个全球性的挑战，需要各国共同合作和交流经验。通过加强国际的合作与交流，可以分享先进的技术和经验，共同研究解决方案，推动可持续运输发展的全球性合作。此外，还可以加强区域间的合作与交流，形成区域内的运输网络和合作机制，提高运输效率和环保水平。

三、政府在运输发展与区域经济之间的角色

（一）制定政策和规划

（1）制定运输发展政策：政府在运输发展与区域经济之间的角色之一是制定运输发展政策。政府可以根据区域经济的特点和需求，制定相应的政策来促进运输业的发展。这些政策可以包括鼓励投资运输基础设施、支持物流企业发展、优化交通运输体系等内容。通过制定明确的政策，政府可以引导和规范运输发展，提高运输效率，推动区域经济的增长。

（2）规划运输网络建设：政府还可以制定运输网络建设规划，以确保运输网络的覆盖和连通性。运输网络是支撑区域经济发展的重要基础设施，政府需要规划合理的道路、铁路、航空和水上运输网络，以满足不同地区的运输需求。同时，政府还可以通过规划智能交通系统和物流中心，提高物流效率，降低运输成本。

（3）推动运输现代化：政府在运输发展与区域经济之间的角色还包括推动运输现代化。政府可以制定政策和措施，鼓励运输行业引进先进技术和管理模式，提升运输服务质量和效率。例如，政府可以推广电子支付和物流信息化技术，在运输过程中实现数字化和无纸化操作，提高运输流程的透明度和效率。

（4）加强运输安全监管：政府在运输发展与区域经济之间的角色还涉及加强运输安全监管。政府可以制定相关法规和标准，建立健全的监管体系，确保道路、铁路、航空和水上运输的安全。政府还可以加强对运输企业的监督和执法力度，打击违法违规行为，维护运输市场的公平竞争环境。

（5）促进绿色可持续发展：政府还可以制定政策和措施，促进运输业的绿色可持续发展。政府可以鼓励采用清洁能源交通工具，推广低碳运输方式，减少运输对环境的影响。此外，政府还可以通过优化运输组织和物流配送，降低运输能耗和排放，推动绿色物流的发展。

（二）投资基础设施建设

（1）公路建设：政府可以投资修建公路网络，以满足不同地区的交通需求。公路是物流运输的主要交通方式，发达的公路网络可以加强区域间的联系和互动，提高货物流通的效率。政府可以投资修建高速公路、快速路和城市环线等重要公路项目，缓解交通拥堵，促进商品流通和人员流动。

（2）铁路建设：政府可以投资修建铁路线路，扩大铁路运输的覆盖范围。铁路是一种高效、安全和环保的运输方式，政府的投资可以改善铁路设施和技术，提升铁路运输的速度和质量。政府还可以推动高铁网络的建设，加快城市

之间的联系，促进经济活动的融合和发展。

（3）港口建设：政府可以投资修建港口设施，提高港口的吞吐能力和服务水平。港口是国际贸易和物流的重要枢纽，政府的投资可以改善港口的船舶装卸设备、仓储设施和物流配套服务，提升港口的竞争力和运营效率。政府还可以推动港口的智能化和绿色发展，为区域经济的国际化提供支持。

（4）机场建设：政府可以投资修建机场设施，提升航空运输能力和服务质量。随着航空业的快速发展，机场在区域经济中的作用越来越重要。政府的投资可以改善机场的跑道、候机楼和货运设施，提高机场的安全性和便捷性。政府还可以扶持航空公司发展，增加航班航线的数量和频次，提升区域与其他地区的连接程度。

（5）物流设施和服务改善：除了基础设施建设外，政府还可以投资改善物流设施和服务水平。政府可以支持建设现代化的物流园区和仓储设施，提供一站式供应链服务。政府还可以推动物流信息化和技术应用，提高物流过程的可视化和智能化水平。通过投资物流设施和服务的改善，政府可以提高物流效率，降低运输成本，促进区域经济的发展。

（三）促进合作与协调

（1）合作组织和论坛：政府可以积极参与地区间的合作组织和论坛，如经济合作与发展组织（OECD）、亚洲开发银行（ADB）等。通过参与这些组织和论坛，政府可以了解国际最新的运输发展趋势和经验，与其他国家和地区分享自身的经验和技术，促进合作伙伴之间的交流和互学互鉴。政府还可以通过这些平台推动合作项目的洽谈和实施，提升区域的整体运输能力。

（2）沟通和协商：政府可以与相关政府部门、企业和社会组织进行沟通和协商，共同制定运输发展的政策和规划。政府可以与交通运输部门、城市规划部门、经济发展部门等进行密切合作，确保运输发展与区域经济的目标相一致，并协调解决在运输发展过程中出现的问题和矛盾。政府还可以倾听各方的意见和建议，达成共识，推动运输发展的顺利实施。

（3）交流平台的搭建：政府可以搭建交流平台，促进各方之间的信息共享和经验分享。政府可以建立运输发展的专业机构或组织，定期召开研讨会、座谈会等活动，邀请专家学者、企业代表和社会组织代表参与讨论，分享最新的研究成果和实践经验。政府还可以建立运输发展的在线平台，发布相关政策文件和统计数据，提供运输行业的资讯和知识，促进行业内外的交流与合作。

（4）公私合作的促进：政府可以鼓励公私合作，在运输发展中促进不同利益相关者的合作。政府可以制定相关政策和措施，鼓励民间资本参与运输基础设施的建设和运营，提供相应的支持和激励措施。政府还可以推动公私合作模式的创新，如建立合资企业、推行BOT（建设-经营-移交）模式等，为私人投资者降低风险，并确保公共利益的实现。通过公私合作，政府可以充分调动各方的积极性和创造力，共同推动运输发展和区域经济的繁荣。

（5）跨界合作的推动：运输发展属于一个跨行业、跨领域的复杂系统工程，政府可以跨界合作，促进各个领域之间的协同发展。政府可以与城市规划部门、环境保护部门、能源部门等进行合作，确保运输发展与城市规划、环境保护和能源利用的协调。政府还可以与教育部门和科研机构进行合作，加强人才培养和科学研究，推动运输技术的创新与应用。通过跨界合作，政府可以有效解决运输发展中的综合问题，实现运输与区域经济的可持续发展。

第二节　运输对区域发展的影响

一、运输对区域发展的经济影响

（一）促进产业发展

（1）提高生产效率：良好的运输网络可以使原材料和零部件快速送达生产企业，减少等待和停工时间，提高生产效率。同时，成品也能够迅速运抵销售市场，加快周转速度，促进产能释放和生产规模的扩大。

（2）降低生产成本：便捷的运输网络可以提供更低廉的物流成本。原材料和零部件的及时供应可以避免因库存积压而产生的仓储和资金占用成本。另外，快速的产品流通和销售可以减少库存积压和滞销风险，降低企业的运营成本。

（3）促进合作与创新：良好的运输网络有助于不同地区企业之间的合作与创新。通过运输，企业可以方便地共享资源和技术，加强合作关系，实现优势互补，提升整体竞争力。此外，运输的便利还为企业提供了开拓新市场和开展跨国经营的机会，促进产业多元化和创新发展。

（4）加强供应链管理：良好的运输网络有助于优化供应链管理，提高资源的利用效率。通过准确而迅速地运输物资，可以降低库存水平和供应不确定性，提高供应链的灵活性和反应速度。同时，运输网络也为企业提供了及时的市场信息和客户需求反馈，有利于精确预测和调整生产计划，提升供应链整体绩效。

（5）促进区域经济发展：良好的运输网络不仅有利于单个企业的发展，还能推动整个区域经济的繁荣。通过促进产业的集聚和优化，形成产业聚集效应和经济规模效应，进一步吸引投资和人才流入。同时，增加了区域内外贸易活动，扩大了市场规模，推动了区域经济的增长和国际竞争力的提升。

（二）扩大市场规模

（1）提供更多销售机会：运输网络的连接使得商品和服务可以迅速到达更广阔的市场。这为生产企业提供了更多的销售机会，扩大了他们的潜在客户群体。无论是在国内还是国际市场上，良好的运输网络使得企业能够更容易地拓展业务，进入新的市场，寻找新的销售渠道。

（2）促进资源配置效率：通过运输，资源在各个地区之间可以自由流动，实现了优化的资源配置。生产企业可以根据市场需求，选择不同地区进行生产，并通过运输将产品送达消费者手中。这样可以避免资源的浪费和闲置，提高资源的利用效率，实现资源的最大化利用。

（3）满足消费者需求：运输网络的发达让消费者获得更多的选择权。商品和服务能够快速流向消费者所在的地区，满足他们多样化的需求。消费者可以享受到更丰富多样的商品和服务，提高生活水平和品质。同时，企业也能够更好地了解消费者的需求，根据市场反馈进行产品创新和改进，提供更符合消费者期望的产品和服务。

（4）刺激竞争与创新：扩大市场规模可以带来更激烈的竞争环境，激发企业的创新活力。面对更广阔的市场和更多的竞争对手，企业需要不断提高产品质量、降低成本、增加差异化竞争优势，以吸引消费者的青睐。这促使企业进行技术创新、管理创新和市场创新，推动产业的持续发展和进步。

（5）扩大国际贸易：良好的运输网络对于国际贸易的发展至关重要。它可以促进不同国家和地区之间的商品和服务流动，扩大贸易规模。通过运输，企业可以将产品迅速送达海外市场，并借助国际贸易的便利性进一步开拓国际市场。这有助于增加国际收入，推动经济的国际化和全球化发展。

（三）降低物流成本

（1）减少运输成本：良好的运输网络可以缩短物流距离，降低运输成本。当供应链中的各个环节连接紧密、高效时，物流过程更加顺畅，运输时间和费用都能够得到有效控制。例如，运输网络的完善可以减少货物在中转过程中的仓储和处理费用，同时提高运输的效率和速度，降低企业的运营成本。

（2）提高运输效率：运输的发展可以提高物流的运输效率。通过优化运输路线、采用合理的运输方式和技术，可以缩短物流时间，实现货物快速到达目的地。而且，高效的运输也可以避免货物的滞留、堆积或延误，减少对企业生产和经营的影响。这样不仅能降低物流成本，还能提高生产企业的反应速度和市场竞争力。

（3）降低库存成本：运输的快速和准时可以减少供应链中的库存储备。通过及时的运输，生产企业可以根据实际需求进行生产和供应，减少库存积压和囤货的情况。这不仅降低了企业的库存成本，还减少了库存风险和货物损坏的可能性。此外，减少库存还可以释放企业的资金流动，提高资金利用效率。

（4）降低损耗风险：良好的运输网络可以有效减少货物在运输过程中的损耗风险。例如，合理选择运输方式和包装材料可以减少货物在搬运和储存过程中的破损和损坏。运输的安全性和可靠性也可以降低货物丢失的风险。通过降低损耗风险，企业可以减少额外的物流成本，并提高产品质量和客户满意度。

（5）促进物流创新和技术应用：运输的发展推动了物流领域的创新和技术应用。例如，智能化、自动化的运输工具和物流管理系统能够提高物流的效率和精确度，降低人力成本。物联网、大数据和人工智能等技术的应用，可以实现物流信息的实时监控和管理，提高物流效率和优化物流决策。这些创新和技术的应用，都能够降低物流成本，提高运输的效率和质量。

（四）创造就业机会

（1）运输业的直接就业：运输业的发展将直接创造大量的就业机会。这包括货车司机、船舶船员、飞机机组人员等。随着运输需求的增加，企业需要更多的从业人员来负责货物的运输和交付。这些工作不仅提供了就业机会，还为从业人员提供了稳定的收入来源。

（2）物流和仓储业的就业：运输业的发展也带动了物流和仓储行业的发展，进一步创造了就业机会。物流人员负责协调和管理供应链中的物流流程，包括货物的运输、仓储和分销等环节。仓储人员负责货物的存储和管理。随着物流网络的完善和扩大，物流和仓储业将需要更多的专业人员来进行管理和操作。

（3）运输服务相关行业就业：除了直接从事运输的人员之外，运输业的发展还将带动相关服务行业的就业机会增加。例如，运输业的发展需要维修和保养车辆的技术人员，从事车辆维修和保养工作；运输业的发展也需要有关保险和金融服务的专业人员，为运输企业和从业人员提供相关保险和金融服务。

（4）城市配送与快递行业的就业：随着电子商务的兴起和消费需求的增加，城市配送和快递行业成为运输业的重要组成部分。这些行业为消费者提供货物的配送服务，为企业提供物流支持。快递员、配送员等职业的需求也随之增加，为社会提供了大量的就业机会。

（5）产业链带动其他就业：运输业的发展还将带动其他相关产业的发展和就业机会的增加。例如，运输车辆的制造和维修需要汽车制造业和汽车维修行业的从业人员；运输设备和技术的研发需要相关的科研机构和工程师团队。这些产业的发展都离不开运输业的支持和需求，从而进一步推动了就业机会的增加。

（五）促进投资和经济增长

（1）降低物流成本：良好的运输条件可以降低物流成本，吸引更多的投资。投资者在考虑投资地点时，会考虑到物流成本对企业的影响。如果一个地区的交通网络发达、运输便利，货物可以快速、安全地送达目的地，那么企业在物流环节上的成本就会降低。这样一来，企业能够更有效地利用资源，提高生产效率，降低产品价格，从而更具竞争力，吸引更多投资。

（2）降低运营风险：良好的运输条件还可以降低运营风险，增加投资者对某个地区的信心。投资者在考虑投资地点时，除了物流成本外，还会关注投资风险。如果一个地区的运输网络不发达，物流不畅通，那么企业在产品配送和市场开拓上可能会面临较大的风险。相反，如果一个地区的运输网络完善，物流畅通，企业能够及时调整供应链，应对市场需求的变化，降低运营风险，提高投资回报率。

（3）促进产业协同发展：良好的运输条件有助于推动企业之间的合作，促进产业链和供应链的协同发展。一个地区的企业如果可以通过高效便捷的运输服务将产品、技术和信息快速传递给其他企业，就能够更好地实现资源共享、优势互补。这种合作与交流可以加强企业之间的合作关系，提高整体的竞争力。同时，产业链上各个环节之间的协同发展也能够带动相关产业的增长，进一步促进经济的发展。

（4）提高市场覆盖范围：良好的运输条件可以帮助企业扩大市场覆盖范围，进一步促进经济增长。如果一个地区的运输网络发达，企业可以更方便地将产品送到远处的市场，扩大销售渠道，拓展客户群体。同时，高效的物流服务也能够满足消费者对于产品及时交付的需求，增强消费者对商品的购买意愿，进一步推动市场需求的扩大。

（5）吸引外部投资：良好的运输条件还可以吸引外部投资，推动经济的增长。外资企业在选择投资地点时，往往会考虑到运输条件是否便利。如果一个地区的运输网络发达，货物可以快速运输到全球各地，那么外资企业就可以更好地利用该地的资源和市场，推动当地经济的发展。在全球化的背景下，吸引外部投资对于促进经济增长具有重要意义。

二、运输对区域发展的社会影响

（一）提高生活水平

良好的运输系统能够提供便捷、高效的交通方式，从而提高居民的生活水平。首先，便捷的交通网络能够让人们更方便地到达目的地，减少时间和精力的浪费，提高出行效率。这使得人们可以更加灵活地就业，在更广阔的区域范围内寻找工作机会，进而提高自身的收入水平，改善生活状况。

其次，良好的运输系统也为居民提供了更多的选择和可能性。通过运输，商品和服务可以更加便捷地流通到各个地区，让人们享受到更丰富的消费选择。比如，农产品在快速运输的保障下可以迅速到达城市消费者手中，带来更加新鲜的食材，提高了生活品质。同时，居民可以随时随地购买到全国各地的商品，满足个性化的需求，提升了消费满意度。

（二）促进教育发展

良好的运输条件对于教育事业的发展具有重要意义。首先，学生可以更加方便地前往学校接受教育。良好的交通网络使得学生不再受制于地理位置，可以选择更适合自己发展的学校，提高了学生的学习机会和选择空间。

其次，良好的运输条件也有利于教师和教育资源的均衡分布。教师可以更容易地到达各个地区，提供教育教学支持；教育资源也可以更加公平地分布到各个地方，让更多的地区能够享受到优质的教育资源，提高了教育的普及率和质量。

（三）加强文化交流

运输不仅仅是物质的流动，也是文化交流的载体。良好的运输系统可以提供便捷的旅游和参观条件，促进地区间的文化交流与互动。

通过运输，人们可以更加方便地前往不同的地区旅游，了解不同地区的风土人情和文化习俗。这种交流能够让人们拓宽视野，增长知识，促进不同地区文化间的融合和交流，推动社会的多元发展。

（四）缩小城乡差距

发达的运输网络有助于缩小城乡差距。良好的交通条件能够加强农村与城市、沿海与内陆之间的联系，促进要素的流动和资源的配置。

首先，良好的运输条件使得农产品可以快速、安全地流通到城市，扩大了农产品的市场范围，提高了农民的收入水平。同时，也方便了农民进城务工，增加了他们的就业机会和收入来源。

其次，发达的运输网络也有利于各地区之间的技术和信息传播。新技术、新知识可以更加迅速地在各地间流通，促进了农村经济的发展和城乡之间的差距缩小。

（五）提升社会服务水平

运输的发展也带动了社会服务水平的提升。良好的运输系统能够提供更快捷、安全、便利的交通服务，包括公共交通、物流配送等。

首先，公共交通的发展使得居民出行更加方便快捷，减少了交通拥堵和污染带来的问题。居民可以更好地享受城市的各种公共设施和服务，提升了生活质量。

其次，物流配送的发展使得商品能够更快速地到达消费者手中。这既提高了消费者的满意度，也促进了商品的销售和经济的发展。另外，物流配送的便利也为电子商务等新兴行业的发展提供了有力支撑。

三、运输对区域发展的环境影响

（一）能源消耗和排放

1.能源消耗

运输活动需要消耗大量的能源，主要是传统能源，如石油和煤炭。交通工具（如汽车、飞机、火车、船舶等）的运行需要燃料供应，而这些燃料通常是通过提炼、加工和运输过程中产生的化石燃料。能源消耗的数量与运输距离、负载量和运输方式密切相关。

2.温室气体排放

能源消耗导致了大量的温室气体排放，其中最主要的是二氧化碳（CO_2）。燃烧化石燃料产生的二氧化碳释放到大气中，加剧了全球气候变化问题。此外，运输过程中还会排放其他温室气体，如氮氧化物（NO_x）、一氧化碳（CO）和甲烷（CH_4），这些气体也对气候产生影响。

3.排放控制和减少

为了减少环境影响，需要采取相应的措施来控制和减少能源消耗和排放量。在转型过程中，以下措施可以采取。

推广绿色能源和清洁能源：如电动汽车、氢燃料电池汽车等，这些交通工具使用的是可再生能源或低碳能源，相比传统燃油车辆减少了尾气排放。

提高运输效率：通过技术和管理手段提高运输效率，减少能源消耗。例如，改进交通管理系统，减少拥堵和停车时间，优化物流运输路线，提高货物装载率等。

采取节能措施。改善交通工具设计，减轻重量、降低空气阻力等，以减少能源消耗。同时，引入节能技术和材料，如能量回收系统、高效发动机等，提高能源利用效率。

发展可再生能源：逐步减少对传统能源的依赖，发展可再生能源，如太阳能、风能等，用于供应交通领域所需的能源。

4.政策支持和国际合作

为了促进能源消耗和排放的减少，需要制定和实施相关政策和法规，包括限制排放标准、鼓励绿色出行、设立碳排放交易市场等措施。此外，国际合作也是解决全球能源消耗和排放问题的关键，各国可以共同合作，分享经验和技术，加强交流与合作。

5.公众参与和意识培养

公众对能源消耗和排放的认识和参与至关重要。通过宣传教育和信息披露，提高公众对能源消耗和排放的认识和理解，引导他们采取低碳出行方式，减少个人交通对环境的影响。同时，鼓励公众积极参与相关政策和项目，促进社会共治，共同推动能源消耗和排放的减少。

（二）噪音和振动污染

1.噪音和振动污染的影响

（1）噪音和振动污染对居民生活的影响：噪音和振动污染对居民生活产生了多方面的不良影响。首先，高强度的噪音会严重干扰人们的休息和睡眠，导致睡眠质量下降，影响身体健康和精神状态。其次，持续暴露于噪音和振动环境中会引起人的焦虑、压力和疲劳等心理问题，降低生活质量和工作效率。再次，噪音和振动还可能对孩子的学习和发育产生负面影响，影响他们的注意力和记忆力。

（2）噪音和振动对环境的影响：噪音和振动不仅对居民生活造成不良影响，也会对环境产生负面影响。噪音会扰乱自然生态环境，干扰野生动物的正常活动和繁殖。振动对建筑物和基础设施造成损害，加速其老化和破坏，对历史文化遗产的保护带来威胁。此外，噪音和振动也会对水域生态环境和水生生物造成一定的影响，破坏生态平衡。

2.噪音和振动污染控制措施

（1）技术控制措施。为了减少噪音和振动污染，需要在设计和建设阶段采取相应的技术控制措施。首先，在车辆设计中应该使用低噪音和低振动发动机，减少排气管噪音和振动的产生，同时采用减震装置和隔音材料来降低车辆运行时的噪音和振动。其次，可以在道路建设中采用隔声墙、绿化带等隔音设施来减少噪音的传播。此外，在城市规划中要合理规划交通路线和布局，避免将主要交通干道设置在居民密集区域。

（2）建筑和规划措施。为了减少噪音和振动对居民和环境的影响，可以在建筑设计中采用隔音窗、隔音墙等措施，增加建筑物的隔音性能，减少外界噪音的传入。同时，在城市规划中要合理划分居住区和交通区域，通过合理规划道路布局、城市绿化等手段来减少交通噪音和振动对居民区的影响。此外，加强维护和修复历史建筑物和文化遗产，确保其不受噪音和振动污染的破坏。

（3）管理和监测措施。除了技术控制和建筑规划措施外，还需要加强噪音和振动污染的管理和监测工作。建立相关法律法规，限制噪音和振动排放标准，加强对交通运输企业和车辆的监管。同时，建立噪音和振动监测网络，及时监测和评估噪音和振动污染的水平和影响范围，为治理和改善提供科学依据。

（三）生物多样性破坏

1.运输基础设施的建设和扩张对生物多样性的破坏

运输基础设施的建设和扩张通常需要大量土地，例如修建公路、铁路、机场等。这些工程往往会占用原本用于植被生长和动植物栖息的土地，导致植被破坏和生物栖息地的丧失。土地的占用和破坏会导致许多物种无法找到合适的栖息地，进而迁移或灭绝。此外，运输基础设施的建设还可能引发水体和土壤的污染，对水生动植物造成威胁。

2.生物多样性保护在运输规划中的重要性

为了减少对生态环境的破坏，运输规划应充分考虑生物多样性保护的需求。在制定交通规划时，应选择合理的交通路线和建设方式，尽量减少对生物群落和栖息地的影响。可以通过避开敏感区域、优化路线和减少土地占用来最大限度地降低破坏性。此外，还可以利用环境影响评价等工具来评估和预测运输基础设施对生物多样性的潜，从而及早发现问题并采取相应的保护措施。

3.运输基础设施建设中的生物多样性保护措施

为了保护受到影响的生物群落和栖息地，运输基础设施建设应采取有效的补偿和修复措施。

根据环境影响评价结果,制订合理的生物多样性保护计划。该计划应包括对受影响生物群落的保护和恢复措施,以及对栖息地的修复和重新建设方案。

在建设过程中,严格遵守环境保护法律法规,实施生态施工措施。例如,采用生态隔离带等技术手段,减少运输基础设施对生物栖息地的直接破坏。

如有必要,进行迁地保护。对于无法避免破坏的重要栖息地,可以进行迁地保护,将受影响的物种转移至其他适宜的栖息地,确保其生存和繁衍。

启动生物多样性监测和评估机制。对于运输基础设施建设和扩张后的影响,应建立长期的监测和评估机制,及时了解生物多样性的变化情况,并根据评估结果进行调整和改进。

加强公众参与和环境教育。在运输规划过程中,应积极开展公众参与,听取各方意见,并提供相关的环境教育,提高公众对生物多样性保护的认知和意识。

4.生物多样性保护与可持续发展的关系

生物多样性是地球生态系统的重要组成部分,对维持生态平衡和人类福祉具有至关重要的作用。因此,保护生物多样性是可持续发展的重要内容之一。运输基础设施的建设和扩张如果不考虑生物多样性保护的需求,会对生态环境造成严重破坏,给可持续发展带来长期的负面影响。

通过在运输规划中充分考虑生物多样性保护的需求,并采取相应的措施和技术手段,可以在运输基础设施的建设和扩张过程中实现生物多样性保护与可持续发展的有机结合。这不仅有助于保护珍稀濒危物种和生态系统,还可以促进生态经济的发展,提升交通运输的可持续性。

在运输基础设施的建设和扩张中,生物多样性的保护应被视为一项重要任务。通过合理规划交通路线和建设方式,并采取补偿和修复措施,可以最大限度地减多样性的破坏。生物多样性保护与可持续发展密切相关,它不仅关乎自然环境的健康与稳定,也关系到人类社会的可持续发展。因此,在运输规划和实施中,我们应充分考虑生物多样性保护的重要性,为构建更加可持续的交通运输体系而努力。

(四)土地占用和城市扩张

1.运输基础设施建设对土地的占用和城市扩张的影响

运输基础设施的建设通常需要占用大量土地资源,尤其是城市交通网络的建设。道路、铁路、机场等交通设施需要广阔的土地用于建设和运营,这导致了土地资源的过度开发和利用。随着城市交通需求的增加,城市不断扩张,给土地资源带来了更大的压力。

城市扩张和土地占用对生态环境造成了许多负面影响。首先，大规模的土地开发破坏了自然植被和土壤结构，破坏了原有的生态系统。这可能导致植物物种减少、水土流失和生物多样性丧失等问题。其次，城市扩张还可能导致水体污染、空气污染和噪声污染等环境问题，对人类居住环境产生负面影响。

2.土地利用规划在减少土地占用中的作用

为了减少土地占用和保护生态环境，需要进行全面的土地利用规划。土地利用规划可以指导运输基础设施的建设位置和布局，合理安排交通设施与城市发展之间的关系。具体包括以下几个方面。

制定城市发展总体规划。通过制定城市总体规划，明确城市发展的定位和规模，合理控制城市的扩张速度和方向，避免无序的土地开发。

划定生态功能区和保护区。在土地利用规划中，应充分考虑自然生态系统的保护需求，划定生态功能区和保护区，限制交通设施的建设和人类活动的干扰，保护生态环境的完整性。

优化土地利用结构。通过合理规划土地用途，优化土地利用结构，提高土地利用效率。例如，将交通设施集中在城市周边或现有交通节点，避免大面积的土地占用和碎片化的开发。

推动土地节约利用。通过推动土地节约利用，例如加强建筑用地集约化管理、提高用地利用率、鼓励土地多功能利用等措施，减少土地占用和浪费。

强化土地保护和监管。加强土地保护和监管力度，严格控制非法建设和违规占地行为，对违法行为进行查处和整治，确保土地资源的合理利用和保护。

3.生态功能区的保护与合理利用

生态功能区是指具有重要生态功能和生物多样性保护价值的区域。在土地利用规划中，应充分考虑生态功能区的保护需求，同时合理利用其资源。以下是生态功能区保护与合理利用的相关措施。

制定生态功能区保护政策和管理措施。针对不同类型的生态功能区，制定相应的保护政策和管理措施，明确禁止和限制不符合保护目标的开发活动。

强化生态环境保护和恢复工作。加强对生态功能区生态系统的保护和恢复工作，采取适当的生态修复措施，促进植被恢复和生物多样性增加。

建立生态补偿机制。针对因土地利用变化造成的生态环境损失，建立生态补偿机制，通过资金、资源或其他方式对受损生态系统进行补偿，以保护生态功能区的完整性。

合理利用生态资源。在保护生态功能区的前提下,合理利用其生态资源。例如开展生态旅游、科学研究和生态农业等活动,实现生态环境保护与经济发展的良性互动。

完善监测和评估机制。建立健全的生态功能区监测和评估机制,及时掌握生态环境变化情况,为决策提供科学依据,并对规划实施效果进行评估和调整。

（五）水资源和水环境影响

1.运输活动对水资源的影响

运输活动对水资源造成的影响主要体现在以下几个方面。

水土流失和土壤侵蚀:道路和铁路建设会导致大量的土地开挖和覆土,破坏植被覆盖和土壤结构,增加了水土流失的风险。水土流失不仅造成了水资源的浪费,还可能导致河流和湖泊的淤积,影响水域生态系统的稳定。

土地表面径流增加:大规模的运输基础设施建设会改变土地的自然排水状况,使得雨水无法渗透到土壤中,而是形成径流快速汇集到水源地或排入河流和湖泊。这样不仅增加了洪水的风险,还可能导致水体的污染。

水资源消耗:运输活动需要大量的水资源,用于洗车、船舶冷却等。尤其是在干旱地区或水资源短缺的地方,运输活动可能对当地水资源造成压力。

2.运输活动对水环境的影响

运输活动对水环境的影响主要表现在以下几个方面。

水污染物排放:航运、港口和码头等运输活动会产生大量的废水和污染物的排放,其中包括石油类、重金属、有机物和悬浮物等。这些污染物直接或间接进入水体,对水生态系统和水生物造成负面影响。

油污和溢油事故:航运业存在油污和溢油事故的风险,如石油船舶的事故泄漏。这些事故导致的油污会迅速扩散到周围的水域,对水生态系统和海洋生物造成严重危害。

噪音和振动干扰:运输工具的噪音和振动会对水生态系统的生物产生干扰和压力,影响其正常的生活和繁殖行为。

3.保护水资源的措施

为了保护水资源,应采取以下措施。

加强水资源管理:建立完善的水资源管理制度,明确水资源的所有权和使用权,推动水资源的合理配置和可持续利用。

加强水土保持工作:在运输基础设施建设中,加强水土保持工作,采取适当的措施防止水土流失和土壤侵蚀。

4.控制水污染的措施

为了控制水污染，应采取以下措施。

强化污染物排放管控：加强对运输活动产生的废水和污染物的排放管控，建立严格的排放标准和监测体系。

推动绿色运输技术和燃料的应用：推广绿色运输技术和清洁能源燃料的使用，减少汽车尾气和船舶排放对水环境的污染。

完善废水处理设施：建设和完善运输场站、港口和航道等废水处理设施，有效去除污染物，减少对水环境的影响。

加强监测和执法：加强对水环境的监测和执法力度，及时发现和处理违法排放行为，保障水环境的质量和安全。

5.水环境保护和治理措施

为了保护和改善水环境，应采取以下措施。

生态修复和保护：加强水生态系统的保护和修复工作，恢复湿地、河流和湖泊的生态功能，增加水体的自净能力。

水体污染治理：实施水体污染治理工程，如河流和湖泊的中小河道治理、污水处理设施的建设和升级等，减少水体污染物的输入。

水生态系统管理：推动水资源和水环境管理的综合化、系统化，重视水生态系统的保护和管理，防止过度开发和利用对水生态系统造成的破坏。

国际合作与技术支持：加强国际的合作与经验交流，引进先进的水环境保护和治理技术，提升我国水环境管理水平。

运输活动对水资源和水环境造成一定的影响，包括土壤侵蚀、水污染物排放等。为了保护水资源和水环境，需要加强水资源管理、控制水污染源的排放，实施水环境保护和治理措施，并注重水生态系统的可持续利用。这些措施的落实可以有效减少运输活动对水资源和水环境的不良影响，实现可持续发展与水环境的和谐共生。

四、运输对区域发展的空间影响

（一）城市化进程加快

1.交通便利促进城市化进程加快

良好的运输系统是城市化进程加快的重要推动力量。当城市之间交通便捷、高效时，人们更容易流动和迁移，促进了人口向城市的集聚。交通便利使人们可以迅速到达目的地并在不同城市之间进行旅行、通勤和商务活动。这为城市提供了更多机会和资源，吸引了大量人口前往城市生活和工作。

2.人口流动与城市人口增长

随着交通条件的改善，人们更愿意选择在城市生活。城市提供了更多的就业机会、教育资源、医疗服务和文化娱乐活动等，吸引了大量农村居民和其他地区居民移居城市。人口流动带来了城市人口的增长，城市规模不断扩大，城市建设也得以加快。人口的集聚增强了城市的经济活力和社会发展，推动了城市化进程的快速推进。

3.城市建设的扩张和空间格局变化

良好的运输系统也推动了城市建设的扩张和区域空间格局的变化。交通便利使得城市可以更广泛地扩展，形成了城市群、城市副中心和新兴城市等。城市扩张带来了新的建设项目、基础设施和住房需求，推动了城市土地的开发与利用，同时也改变了区域间的空间结构。城市化进程加快导致城市周边地区的农田、森林和自然生态环境遭受破坏，对可持续发展提出了新的挑战。

4.城市化带来的挑战与应对

城市化进程加快虽然推动了经济增长和社会发展，但也面临着一些挑战，包括交通压力、环境污染、资源消耗和社会不平等等问题。为了应对这些挑战，应采取以下措施。

发展综合交通系统：继续完善城市交通网络，推动公共交通的发展，减少私人车辆的使用，缓解交通拥堵和环境压力。

促进城乡一体化发展：通过建立良好的城乡交通连接和服务体系，提高农村地区的交通便利度，促进城乡一体化发展，避免城市过度扩张。

优化土地利用规划：合理规划城市建设用地和交通用地，提高土地利用效率，保护农田和生态环境，实现可持续城市发展。

加强环境保护和资源管理：加强污染物排放管控，推动绿色出行和低碳交通方式的应用，提高资源利用效率，减少对环境的影响。

实施社会公平政策：关注城市人口流动的社会影响，加强社会保障和公共服务，促进城市居民的公平融入，减少社会不平等问题。

5.城市化与可持续发展的结合

在推动城市化进程加快的同时，必须与可持续发展目标相结合。这包括经济的可持续发展、社会的可持续发展和环境的可持续发展。在城市化过程中，应注重资源的合理利用，环境保护和生态修复，同时确保人们的基本生活需求得到满足。城市化必须与生态文明建设相协调，追求人与自然的和谐发展。

良好的运输系统推动了城市化进程的加快，促进了人口流动和城市人口增长。同时，城市化也带来了一系列挑战，包括交通压力、环境污染和资源消耗等。为了应对这些挑战，需要进一步完善交通系统，促进城乡一体化发展，优化土地利用规划，加强环境保护和资源管理，并实施社会公平政策。城市化与可持续发展相结合，是实现经济繁荣、社会进步和生态健康的重要路径。

（二）地区间联系加强

1.运输网络的发展促进地区联系加强

随着运输网络的发展，不同地区之间的联系与互动得到了加强。交通条件的改善使得距离缩短，人员、货物和信息能够更加便捷地在地区之间流动。良好的运输网络包括公路、铁路、航空和水运等，为地区间的交流合作提供了便利条件。

2.加强地区间资源流动与互补发展

运输网络的发展促进了地区间资源的流动和互补发展。资源在不同地区之间的流动能够更加顺畅，有助于优化资源配置，提高资源利用效率。比如，农产品可以更快速地从生产地运往消费地，工业原材料和成品也可以迅速地在不同地区之间流通。这有助于实现资源的互补，促进地区间的经济协同发展。

3.推动地区间产业协作与经济发展

运输网络的发展也推动了地区间产业协作与经济发展。不同地区的产业可以通过运输网络相互联系，形成产业链和价值链，并共同参与国内外市场竞争。比如，制造业的分工合作可以在不同地区形成产业集群，提高整体竞争力。运输网络也有利于地区吸引外部投资和技术引进，促进经济的发展。

4.加强地区间知识和文化交流

良好的运输网络也有助于加强地区间的知识和文化交流。人员可以更加便捷地进行学习、工作和旅行，通过交流互鉴，促进知识和文化的传播与交流。这有助于提高地区居民的素质和能力，推动科技创新和文化繁荣。

5.地区间联系加强的挑战与应对

地区间联系加强也面临着一些挑战，如交通拥堵、环境污染和资源竞争等问题。为了应对这些挑战，需要采取以下措施。

完善运输基础设施建设：加大对交通基础设施的投资，提高运输能力和效率，缓解交通拥堵问题。

推动绿色交通发展：发展低碳交通方式，减少对环境的影响，提高资源利用效率。

优化区域规划和土地利用：合理规划区域发展，避免过度集中和不均衡发展，保护生态环境和资源。

加强国际和跨区域合作：加强地区间的合作与沟通，推动共同发展和互利共赢。

提升人才培养和科技创新能力：注重人才培养和科技创新，提高地区的创新能力和竞争力。

运输网络的发展促进了地区之间联系的加强。地区间的资源流动、产业协作、经济发展、知识交流和文化传播得到了促进。然而，地区联系加强也面临一些挑战，需要通过完善基础设施、推动绿色发展、优化规划和土地利用、加强合作与创新等措施来应对。通过加强地区间联系，可以实现各地区的互补发展，推动经济的繁荣、社会的进步和人民的福祉。

（三）社会资源布局优化

1.运输系统优化实现资源高效配置

良好的运输系统能够实现资源的高效配置，促进社会资源的最佳利用。通过发展快速、高效的运输网络，可以将资源从生产地迅速运输到消费地，满足市场需求。例如，发达的物流体系可以确保货物及时抵达目的地，减少库存积压和资金占用，提高资源利用效率。

2.区域间资源调配促进均衡发展

良好的运输系统有助于促进区域间资源的调配，实现均衡发展。区域之间存在着资源禀赋和产业结构的差异，通过建立高效的运输网络，可以方便资源在不同区域之间的流动。这有助于解决资源相对匮乏的地区的需求，同时促进资源丰富的地区与市场对接，推动区域经济的均衡发展。

3.提升生产要素的流动性和灵活性

运输系统的优化可以提升生产要素的流动性和灵活性，促进资源的优化配置。比如，劳动力可以通过高速公路、铁路和航空等运输方式在不同地区间流动，提供劳动力资源的充分利用。同时，运输系统的发展也可以方便原材料、能源和其他生产要素的流通，提高资源配置的灵活性，满足不同地区的生产需求。

4.优化城乡资源布局

良好的运输系统还能够促进城乡资源的优化布局。通过发展高速公路、铁路和便捷的交通网络，可以加强城乡之间的联系，实现资源的有序流动。这有助于解决城市资源过度集中和农村资源匮乏的问题，推动城乡资源的平衡配置，提高农村地区的生产能力和城市地区的生活品质。

5.运输系统优化的挑战与应对

运输系统优化也面临一些挑战,需要采取相应的应对措施。

加大基础设施建设投资:提高交通基础设施的建设速度和质量,扩大运输能力,确保资源的快速、顺畅流动。

推动跨区域合作:加强区域间的合作与协调,共同解决运输网络断点和瓶颈问题,实现资源的互联互通。

推进信息技术与运输系统融合:利用信息技术推动智慧物流和智能运输发展,提高运输效率,降低成本,实现资源的智能配置。

强化环境保护与可持续发展意识:在运输系统优化过程中,注重环境保护和可持续发展,减少对生态环境的影响,推动绿色运输发展。

促进人才培养和创新能力提升:注重培养运输领域的专业人才,推动技术创新和管理创新,提高运输系统优化能力。

良好的运输系统可以实现资源的高效配置,促进社会资源的优化利用。优化的运输系统有助于实现区域间资源的均衡调配,提升生产要素的流动性和灵活性,优化城乡资源布局。然而,运输系统优化也面临着挑战,需要加大基础设施建设投资、推动跨区域合作、推进信息技术与运输系统融合、强化环境保护与可持续发展意识以及促进人才培养和创新能力提升等应对措施。通过不断优化运输系统,可以实现社会资源的最佳配置,促进经济的繁荣和社会的可持续发展。

(四)农村发展机遇增多

1.运输条件改善带来的农产品流通机遇

良好的运输条件为农村地区带来了更多的发展机遇,尤其是农产品的流通。过去,由于交通不便,农产品难以迅速运输到城市或其他地区进行销售,导致了许多农产品滞销或浪费。然而,随着运输网络的不断完善,农产品能够更快捷地流向市场,从而扩大销售范围和机会。农村地区的农民能够通过运输工具将他们的产品送往更远的地方,获得更好的销售收益。

2.农村劳动力进入城市就业的机会增加

良好的运输条件也为农村劳动力提供了更多进入城市就业的机会。在过去,由于交通不便,农民往往难以进入城市寻找工作机会。然而,随着运输网络的改善,农民能够更容易地通过公路、铁路等方式进入城市就业。这不仅为农民提供了增加收入的机会,也促进了农村地区的人口流动和城乡融合发展。

3.农产品出口带来的贸易机会和经济收益

运输发展为农村地区带来了农产品出口的机会，进一步扩大了农村经济的发展空间。通过高速公路、铁路和航空等运输方式，农产品得以迅速出口到国际市场，参与全球贸易。这为农村地区带来了更多的贸易机会，促进了农产品的国际竞争力，带来了经济收益和就业机会。农民可以通过农产品出口获得更高的价格，增加农民收入，提升农村经济水平。

4.农村旅游的兴起和发展机遇

良好的运输条件也为农村旅游的兴起和发展提供了机遇。随着运输网络的改善，越来越多的游客可以便捷地前往农村地区进行旅游观光。农村地区的自然风光、乡村文化和农耕体验成为吸引游客的独特资源。农村地区可以通过农业观光、民宿经营等方式开发旅游业，为农民增加收入来源，推动农村地区的经济发展。

5.农村创业和产业升级的机遇

良好的运输条件也为农村创业和产业升级提供了机遇。通过便捷的运输网络，农村地区可以更方便地获得原材料、技术和市场信息等资源，推动农产品加工业、农村电商等新兴产业的发展。农民可以通过创办企业、发展特色农产品等方式增加收入，实现农村经济的转型与升级。

良好的运输条件为农村地区带来了更多的发展机遇。农产品流通机会增加，农民收入得以提升；农村劳动力进入城市就业的机会增加，促进了城乡融合发展；农产品出口带来贸易机会和经济收益；农村旅游的兴起为农民增加收入来源；运输条件也为农村创业和产业升级提供了机遇。这些机遇推动了农村地区经济的发展，缩小了城乡差距，提高了农民的生活水平和幸福感。

第十章 运输安全与应急管理

第一节 运输安全的风险评估与控制

运输安全是指在货物运输过程中，采取一系列措施来预防事故、减少损失和保障人员的生命安全。由于运输行业的特殊性及其对社会经济的重要性，运输安全问题一直备受关注。因此，进行运输安全的风险评估与控制是非常必要的。

一、运输安全的风险评估

（一）评估方法

在进行运输安全的风险评估时，可以采用以下常用的评估方法。

事件树分析（Event Tree Analysis）：通过构建事件树来分析可能的事故场景和后果，逐步展开可能的事件序列，评估每个事件发生的概率和影响，最终得出整体风险。

故障树分析（Fault Tree Analysis）：通过绘制故障树来分析可能的故障路径和导致事故的基本事件，考虑不同故障事件发生的概率和对系统安全的影响，从而评估整体风险。

风险矩阵（Risk Matrix）：将风险事件按照概率和后果两个维度进行分类，构建一个矩阵，通过对每个风险事件进行定量或定性评估，确定其风险等级。常用的评估方法包括定量风险评估和定性风险评估。

统计分析方法：通过历史数据和统计分析方法，对运输事故的发生概率进行评估。可以利用过往的事故数据、违法违规行为数据等进行模型建立和预测。

（二）风险因素

在运输安全中，存在着多种风险因素，主要包括以下几个方面。

交通事故：道路交通事故是运输过程中最常见、最直接的风险因素之一。包括车辆碰撞、侧翻、失控等各种交通事故。

自然灾害：自然灾害如地震、洪水、风暴等对运输安全造成的风险。这些灾害可能导致道路、桥梁、隧道等设施受损，交通中断或出现事故。

设备故障：运输过程中的车辆、设备故障可能导致事故的发生和运输安全的威胁。例如，制动失效、轮胎爆裂、机械故障等。

人为失误：运输过程中人员的错误操作、疲劳驾驶、违规行为等也是导致事故的重要因素。

环境污染：部分运输活动可能涉及危险品的运输，如果不谨慎处理，可能引发环境污染等后果。

（三）风险评估内容

进行运输安全的风险评估应包括以下内容。

识别潜在风险：通过对运输过程中的各种因素进行全面分析和识别，确定可能导致运输事故的潜在风险因素。这可以包括基础设施状况、车辆状态、驾驶员素质等方面。

评估风险概率：根据历史数据、统计分析等手段，对各种风险事件的发生概率进行评估。可以通过相关的概率模型和统计方法来进行定量评估，也可以利用专家判断和经验法则进行定性评估。

评估风险后果：考虑运输事故可能导致的人员伤亡、财产损失、环境影响等后果。可以采用人身伤害、财产损失等指标来衡量风险后果的严重程度。

评估风险等级：综合考虑风险概率和风险后果，对各种风险进行分类和等级评估。可以采用风险矩阵等方法，将风险事件分为高风险、中风险和低风险等级，以便针对不同等级的风险采取相应的控制措施。

通过全面、系统地评估运输安全的风险，可以帮助相关部门和企业制定有效的风险管理策略，采取预防措施，从而提高运输安全水平，减少事故发生的可能性，保障人员生命财产安全和环境保护。

二、运输安全的风险控制

（一）风险防范措施

车辆维护保养：定期检查车辆的机械装置和安全设备，确保其正常运行。例如，检查刹车系统、轮胎磨损情况和燃油系统等。

驾驶员技能培训：加强驾驶员的专业素质培训，提高他们的交通安全意识和应对紧急情况的能力。此外，也可以通过定期考核和监督来确保驾驶员的素质。

安全管理制度：建立健全安全管理制度，包括制定明确的安全规章制度、责任分工和安全工作流程。同时，加强对违规行为的监督和处罚，以确保安全措施的有效实施。

(二)应急预案制订

事故报警:建立迅速、高效的事故报警机制,确保在发生事故后能够及时通知相关部门和人员。

现场救援:制订详细的现场救援预案,明确各个部门和人员的职责和任务,以便快速响应并进行救援工作。

伤员疏散:确定合适的伤员疏散路线和方法,提前培训相关人员,确保在事故发生时能够及时疏散和救治伤员。

(三)安全培训教育

交通规则培训:加强对从业人员的交通规则培训,提高其遵守交通法规的意识和行为习惯。

危险品管理培训:针对运输危险品的从业人员,进行专门的危险品管理培训,确保他们具备正确的操作技能和安全防范意识。

紧急情况处理培训:培训从业人员如何在紧急情况下正确应对,包括火灾、泄漏、事故等应急处理方法。

(四)技术手段应用

智能监控系统:运用先进的监控技术,如视频监控和传感器监测,对车辆和货物进行实时监控,及时发现潜在的安全隐患。

定位系统:利用卫星定位系统,对车辆进行定位和追踪,确保货物的安全运输,并能够在紧急情况下准确指引救援人员。

传感器应用:通过使用传感器,可以监测车辆的状态和环境信息,如温度、湿度、压力等,及时发现异常情况并采取相应措施。

第二节 运输应急管理与危机处理

一、运输应急管理

(一)预案编制

1.预案编制的重要性

预案编制是运输应急管理的基础和前提,具有重要的指导和应用价值。通过编制预案,可以明确应对各类突发事件和危机情况的措施和程序,提高应急反应的效率和准确性,最大限度地减少损失和影响。

2.预案编制的基本原则

（1）科学性原则：预案编制应基于科学研究和实践经验，考虑各种可能发生的突发事件和危机情况，确保预案的可操作性和有效性。

（2）系统性原则：预案编制要全面、系统地考虑运输系统内各个环节和各方面的因素，确保预案的完整性和一致性。

（3）针对性原则：预案要根据不同类型的危机情况和地域特点，制定相应的应对措施，提高应急处理的精准性和针对性。

（4）灵活性原则：预案应具备一定的灵活性，能够在实际应急情况下进行调整和变更，以适应不同的应急需求。

（5）协同性原则：预案编制要充分考虑各相关部门和单位的合作与协调，建立联动机制，形成统一指挥和行动。

3.预案编制的程序

（1）确定编制需求：根据运输系统的特点和现状，明确预案编制的目标和范围，确定编制的需求和重点。

（2）组织编制工作：成立专门的编制工作组，明确各成员的职责和任务，制定编制计划和时间表。

（3）收集资料和信息：收集运输系统内外的有关资料和信息，包括历史数据、灾害案例、应急措施等，为预案编制提供依据。

（4）分析评估风险：对可能发生的突发事件和危机情况进行评估和分析，确定其潜在影响和可能造成的损失，为预案编制提供参考。

（5）制订应急预案：根据评估结果和实际需求，制定详细的应急预案。预案应包括应急组织结构、职责分工、危机处理流程、资源调度计划等内容。

（6）测试和修订预案：对编制好的预案进行演练和测试，检验其可行性和有效性，并根据实际情况进行必要的修订和完善。

（7）发布与推广预案：将编制好的预案进行公示和宣传，确保相关人员熟悉和掌握预案内容，提高应急响应的效果和准确性。

4.预案编制的要点

（1）明确预案的目标和任务，确保预案编制的针对性和有效性。

（2）充分考虑各种可能发生的突发事件和危机情况，确保预案的全面性和覆盖范围。

（3）明确应急组织结构和指挥体系，确保应急响应的组织和协调。

（4）制定详细的危机处理流程和操作规程，确保应急工作的规范性和连贯性。

（5）合理配置资源和物资，确保应急工作的及时性和有效性。

（6）加强预案的宣传和培训，确保相关人员熟悉和掌握预案内容。

5.预案编制的注意事项

（1）预案编制需要依据相关法律法规和标准要求，确保预案的合法性和合规性。

（2）预案编制要紧密结合实际情况和实践经验，充分考虑运输系统的特点和地域特点，确保预案的可操作性和适用性。

（3）预案的编制应注重团队合作，充分发挥各成员的专业优势，确保预案的科学性和实用性。

（4）预案的修订和更新是持续的工作，需要根据实际情况和实践经验进行定期检查和调整，确保预案的及时性和有效性。

（二）应急指挥调度

1.应急指挥调度中心的功能

应急指挥调度中心是运输应急管理的核心组织，其主要功能如下。

（1）组织和协调：负责组织和指导应急响应工作，协调各相关部门和单位的行动，确保应急工作的高效运行。

（2）信息收集和分析：通过建立健全的信息收集网络，及时获取突发事件和危机情况的相关信息，进行全面、准确的分析和评估。

（3）决策和指挥：根据收集到的信息和分析结果，及时制定应对策略和措施，做出正确的决策，并指挥和协调各相关单位的行动。

（4）资源调度和配置：根据应急需求，对各类资源进行调度和优化配置，最大限度地利用资源，提高应急响应的效率。

（5）指挥体系建设：建立完善的指挥体系，明确各级指挥关系和职责分工，形成高效协同的指挥机制。

2.应急指挥调度中心的组织结构

应急指挥调度中心的组织结构应根据具体情况灵活确定，一般包括以下部门和岗位。

（1）指挥部：负责整个中心的领导和决策工作，制订应急响应措施和调度计划。

（2）信息部：负责信息的收集、整理和分析工作，为指挥决策提供科学依据。

（3）调度部：负责资源的调度和优化配置，协调各相关单位的行动。

（4）通信部：负责建立和管理指挥通信系统，保障通信畅通和信息安全。

（5）联络部：负责与相关部门和单位的联络和沟通工作，实现信息共享和协同作战。

（6）支持部：负责后勤保障和应急设备的管理，确保中心正常运行。

3.应急指挥调度中心的建设要点

（1）技术装备：中心应配备先进的信息技术设备和通信设备，以实现信息的快速传递和处理。

（2）人员培训：中心的工作人员应接受专业的培训，具备应急管理和指挥调度的知识和技能。

（3）协同机制：与各相关部门和单位建立紧密的联系和协同机制，确保信息的及时共享和跨部门的协作。

（4）演练和实战：定期进行应急演练和模拟实战，检验中心的工作能力和应急响应能力。

（5）信息安全：加强信息安全管理，确保指挥调度中心的信息安全性和可靠性。

4.应急指挥调度中心的运行流程

（1）信息收集与评估：中心通过各种渠道收集突发事件和危机情况的相关信息，并进行分析和评估。

（2）决策与指挥：根据信息评估的结果，中心制定应急响应策略和措施，并指挥和协调各相关单位的行动。

（3）资源调度与配置：中心对各类资源进行调度和优化配置，确保应急资源的合理利用。

（4）指挥体系运行：中心根据指挥体系的建设，进行指挥和协调工作，确保应急工作的高效运行。

（5）信息共享与报告：中心与相关部门和单位保持沟通和联系，及时共享信息，向上级汇报工作情况。

5.应急指挥调度中心的优势与挑战

（1）优势：中心能够集中统一指挥和协调资源，提高应急反应速度和效率；能够全面监控和评估突发事件和危机情况，做出科学决策；能够实现信息共享和协同作战，提高应急工作的整体水平。

（2）挑战：中心需要与各相关单位建立紧密联系和协同机制；需要在技术装备和人员培训方面进行持续投入；需要不断改进和完善指挥体系和工作流程，提高应急响应的灵活性和准确性。

通过建立健全的应急指挥调度中心，可以有效提升运输应急管理的水平和能力，保障突发事件和危机情况下的应急响应和处理效果。同时，中心还需要不断适应和应对新形势和新挑战，不断提升自身的应急管理水平和能力。

（三）风险识别与评估

1.风险识别与评估的步骤

风险识别与评估是一个系统性的过程，可以按照以下步骤进行。

（1）确定识别范围：确定需要进行风险识别与评估的运输活动范围和对象，包括交通运输线路、运输工具、运输环节等。

（2）收集相关信息：搜集与运输活动相关的各种资料和信息，包括地理环境、气候条件、交通状况、历史事故数据等。

（3）识别潜在风险：根据收集到的信息和经验知识，识别可能存在的潜在风险，包括交通事故、自然灾害、恶劣天气等。

（4）风险评估：对已识别的潜在风险进行评估，包括风险的概率、影响程度和严重性等方面的评估，并确定其优先级。

（5）制定风险控制措施。根据风险评估结果，制定相应的风险控制措施，包括事前预防、应急响应、安全培训等方面的措施。

（6）监控和更新：定期监控和评估已实施的风险控制措施的有效性，及时调整和更新措施，以适应新的风险和变化的情况。

2.风险识别与评估的方法

风险识别与评估可以采用多种方法和工具，包括以下几种。

（1）风险矩阵：利用风险概率和影响程度构建矩阵，对不同风险进行分类和评级，确定其优先级。

（2）层次分析法：将风险因素分解为多个层次，根据不同层次的权重和关联性，计算风险的综合评估值。

（3）故障模式与效应分析（FMEA）：通过对运输活动中可能存在的故障模式和其潜在影响进行分析，评估风险的严重性和可能性。

（4）统计分析法：利用历史事故数据和统计方法，对风险进行量化分析和评估，预测未来的风险发生概率。

（5）专家判断法：借助行业专家的经验和知识，对风险进行主观判断和评估。

3.风险识别与评估的关键因素

（1）地理环境：运输活动所处的地理环境条件，如地形、气候、水文等，会直接影响风险的发生和程度。

（2）交通状况：包括道路状况、交通流量、交通事故率等因素，对运输活动的风险有重要影响。

（3）人员因素：包括驾驶员的技术水平、经验、态度等，以及其他相关人员的素质和工作纪律等，都会对风险产生影响。

（4）技术装备：运输工具和设备的性能和安全性，会直接决定运输活动的风险水平。

（5）管理制度：运输单位的内部管理制度、规章制度等，对风险的识别和评估起到重要的引导和规范作用。

4.风险识别与评估的应用范围

风险识别与评估可以应用于各种运输活动，包括公路运输、铁路运输、水运和航空运输等。具体应用范围如下。

（1）交通事故风险：识别和评估运输活动中可能发生的交通事故风险，制定相应的安全措施和管理措施。

（2）自然灾害风险：针对地质灾害、气象灾害等自然灾害，进行风险识别和评估，制定相应的防灾措施和应急预案。

（3）危险品运输风险：对涉及危险品运输的活动，进行风险识别和评估，确保危险品运输的安全性和合规性。

（4）安全生产风险：识别和评估运输活动中可能存在的安全生产风险，制定相应的安全管理措施和操作规范。

5.风险识别与评估的意义和作用

风险识别与评估是预防事故和减少损失的重要手段，具有以下意义和作用。

（1）提前预警：通过风险识别与评估，可以提前发现可能存在的风险，及时采取措施避免风险的发生。

（2）合理规划：通过识别和评估风险，可以有效规划运输活动，选择更安全的运输路线和方式，降低风险程度。

（3）优化资源配置：通过风险识别与评估，可以合理配置应急资源，提高应急响应的效率和准确性。

（4）提升安全管理水平：风险识别与评估是安全管理的基础和前提，可以推动企业建立和完善安全管理体系，提升安全管理水平。

（5）降低经济损失：通过识别和评估风险，并采取相应的风险控制措施，可以减少事故发生的可能性，降低经济损失。

(四) 应急培训演练

1. 应急培训演练的意义

应急培训演练对于提高人员应对突发事件和危机能力具有重要意义，其主要作用如下。

（1）增强意识和警惕性：通过培训演练，可以增强人员对突发事件的认识和警惕，培养应急意识，并掌握应对紧急情况的正确态度和行为。

（2）加强应急能力：培训演练可以通过系统讲解和实操操作，提高人员的应急反应能力、应对能力和协同配合能力，使其在面对突发事件时能够快速有效地采取措施。

（3）熟悉应急流程和程序：培训演练可以使人员熟悉应急预案和相关流程，了解各个环节的责任和要预案的基本内容、执行流急救知识和技巧等，提高应对紧急情况时的救治能力。

（4）沟通与协调：组织人员进行沟通与协调的培训，包括应急通信和指挥、信息共享和协同配合等方面的能力培养。

（5）模拟演练：模拟真实的突发事件场景，让人员在真实环境中进行演练和应对，检验预案的可行性和人员的应急处理能力。

2. 应急培训演练的组织与实施

（1）制订培训计划：根据实际需求，制定年度或季度的培训计划，明确培训内容、时间和参与人员。

（2）培训材料准备：准备培训所需的教材、PPT、视频资料等，确保培训内容的全面和准确。

（3）培训方式选择：可以选择面对面授课、线上培训、现场演示等方式进行培训，根据实际情况进行选择。

（4）进行培训演练：按照培训计划，进行培训演练，通过理论知识讲解、现场操作示范、模拟演练等方式进行培训。

（5）评估和总结：针对培训演练的效果进行评估和总结，发现问题并及时改进，完善培训计划和内容。

3. 应急培训演练的周期和频率

应急培训演练的周期和频率应结合实际情况和需求确定，一般包括以下考虑。

（1）定期演练：建议每年至少进行一次大规模的综合应急演练，全面检验应急预案的可行性和人员的应急能力。

（2）季度演练：每季度可以组织一次小规模的培训演练，重点训练某一特定环节或技能，提高人员应对特定情况的能力。

（3）突发事件后演练：在发生某一突发事件后，应及时组织演练，总结并改进应急工作中存在的不足。

4.应急培训演练的效果评估与改进

应急培训演练的效果评估和改进是培训工作的重要环节，具体步骤如下。

（1）效果评估：通过参与人员的反馈、观察记录等方式，评估培训演练的效果，了解培训的可操作性和实用性。

（2）问题发现：根据评估结果，发现培训演练中存在的问题和不足之处，如人员知识掌握程度、操作技能熟练度等。

（3）改进措施。根据问题发现，制定相应的改进措施，包括修订培训材料、加强实操训练、完善演练方案等。

（4）持续改进：定期评估培训改进措施的效果，根据实际需要进行调整和优化，确保培训演练工作的持续改进。

（五）资源储备与调配

1.资源储备与调配的意义

资源储备与调配是保证运输应急管理效能的重要环节，其主要意义如下。

（1）提供应急保障：通过储备必要的资源和设备备用，在突发事件或危机发生时能够及时调动，提供必要的应急保障，确保应急工作的顺利开展。

（2）增加应急响应能力：储备合适的资源和设备，可以提高应急机构的应急响应能力，缩短应急响应时间，快速有效地处置问题，减少损失。

（3）提高救援效率：储备紧急救援装备和物资，可以提高救援队伍的救援效率，快速到达现场，展开救援行动，减少因等待资源而延误救援时机。

（4）优化资源利用：通过合理的资源调配，可以实现资源的最优配置，充分利用有限的资源满足多个应急事件的需求，提高资源利用效率。

（5）提升综合防控能力：资源储备与调配不仅仅关乎应急救援领域，还涉及突发事件的综合防控，通过储备多方面的资源，提升整体应急管理能力。

2.资源储备与调配的内容

（1）必备物资：包括人员防护用品、医疗物资、通信设备、紧急救援装备等，根据实际需求确定储备数量和种类。

（2）设备备用：储备备用的运输工具、机械设备、应急电源等，以保证应急响应时的设备可靠性。

（3）协作机制：建立资源调配的协作机制，明确各级单位的职责和资源调配流程，确保资源在应急情况下的迅速调配和协同配合。

(4) 信息系统：建立完善的资源管理信息系统，实现资源储备情况、调配情况的实时监控和统计分析，为决策提供科学依据。

3. 资源储备与调配的实施步骤

(1) 需求分析：对所属领域或行业进行应急资源需求分析，确定储备和调配的重点和目标。

(2) 资源储备：根据需求分析结果，制订资源储备方案，确定需要储备的物资、设备和数量，并进行采购、存储和维护。

(3) 资源调配计划：根据突发事件类型和应急需求，制订资源调配计划，包括资源调配的时间、地点、数量等具体安排。

(4) 资源调配执行：根据资源调配计划，组织资源的调配和投入使用，确保资源能够及时到达现场，并有效地进行应急响应工作。

(5) 资源补充和更新：根据实际情况和使用效果，定期检查和维护储备资源，及时补充和更新资源，保持资源的可用性和适应性。

4. 资源储备与调配的管理与改进

资源储备与调配工作需要进行有效的管理和不断地改进，具体措施如下。

(1) 责任明确：明确资源储备与调配工作的责任部门和人员，建立健全的管理机制和工作流程。

(2) 定期评估：定期对资源储备情况和调配效果进行评估，发现问题并及时改进和优化资源储备和调配方案。

(3) 信息共享：加强与其他单位和部门的沟通与合作，建立资源共享和互助机制，提高资源利用效率。

(4) 培训与演练：定期组织相关人员进行资源储备与调配的培训和演练，提高应急响应能力和资源调配的熟练度。

(5) 技术支持：引入先进的信息技术和管理工具，提高资源调配的智能化和科学化水平。

(六) 信息通信与联动

1. 信息通信系统的建立

(1) 信息收集：建立监测设备和传感器网络，对运输系统及周边环境进行实时监测，收集相关的数据和信息，包括交通流量、道路状况、气象条件等。

(2) 信息处理：建立信息处理系统，对收集到的大量数据进行分析和处理，提取有用的信息，并进行分类、整合和存储，以便后续利用。

(3)信息传递：建立高效可靠的通信网络，包括无线通信系统、卫星通信系统等，实现信息的迅速传递和共享，确保信息能够及时准确地传达给相关人员。

(4)应急指挥中心：建立应急指挥中心，集中管理和控制运输应急管理的信息通信系统，协调各个部门和单位之间的信息交流和联动。

2.联动机制的建立

(1)协调机制：建立跨部门、跨单位之间的协调机制，明确各方的职责和权限，确保信息的共享和互通，提高工作协调性和效率。

(2)合作伙伴关系：与相关部门、企事业单位建立紧密的合作伙伴关系，形成信息共享和资源互助的合作模式，提高综合应急管理能力。

(3)联合演练：定期组织联合演练，包括实地演练和桌面推演，测试和验证信息通信系统的可靠性和协同能力，发现问题并加以改进。

(4)统一指挥调度：统一指挥调度运输应急管理工作，通过信息通信系统的支持，实现对各个部门和单位的协调配合，形成整体联动效应。

3.信息通信与联动的优势

(1)快速响应：通过建立健全的信息通信系统，能够迅速获取重要信息，实时掌握运输情况，快速做出应急响应和决策。

(2)精准决策：通过对收集到的大数据进行分析和处理，可以提供准确、全面的信息支持，帮助决策者制定科学、有效的决策。

(3)资源合理配置：通过信息共享和联动机制，能够实现资源的合理配置和优化利用，提高救援效率和资源利用率。

(4)协同作战：通过建立紧密的合作伙伴关系和联动机制，能够实现多部门、多单位之间的协同作战，提高整体应急管理效能。

(5)全局管控：通过信息通信系统和联动机制的支持，能够实现对运输应急管理工作的全局管控，提高工作的协调性和一体化水平。

(七)监测和预警

1.天气预报监测和预警

天气对于运输系统的正常运行有很大的影响，因此建立天气预报监测和预警系统是非常重要的。这可以通过安装气象监测设备（如气象雷达、气象卫星等）来实时收集气象数据，并利用气象模型和算法进行天气预报。同时，根据预测结果可以发出针对性的天气预警，提前通知相关部门和人员，采取相应的防范措施，如道路除雪、航班延误等。

2.交通状况监测和预警

交通状况的变化也是运输应急管理需要关注的重要方面。利用交通监测设备（如交通摄像头、交通流量监测器等），可以实时监测道路交通状况，包括拥堵、事故等情况。通过分析收集到的数据，可以预测交通拥堵的趋势，并及时发出交通状况预警，以便采取交通管制、调度运力等措施，保障交通的畅通和运输的顺利进行。

3.可燃气体检测和预警

在运输过程中，特别是涉及危险品运输的情况下，可燃气体泄漏可能会引起严重的安全事故。因此，建立可燃气体监测和预警系统是非常重要的。通过安装气体传感器和监测设备，可以实时监测气体浓度，并对异常情况进行预警。一旦检测到可燃气体泄漏的迹象，立即发出预警信号，并采取相应的应急措施，如紧急停车、撤离等，以减少事故的发生和损失。

4.地质灾害监测和预警

地质灾害（如山体滑坡、地震等）对于运输系统的安全性和稳定性有很大的影响。利用地质灾害监测设备（如地震监测器、地质雷达等），可以实时监测地质灾害的迹象，并进行预警。一旦监测到地质灾害可能发生的情况，立即发出预警信号，并采取相应的应急措施，如关闭危险区域、调整线路等，以保障运输系统的安全运行。

5.水文监测和预警

水文状况的变化对于水域交通、桥梁和堤坝的安全等方面具有重要影响。因此，建立水文监测和预警系统是十分必要的。通过安装水文监测设备（如水位计、雨量计等），可以实时监测河流水位、降雨情况等，并进行预测和预警。一旦监测到水文状况异常的情况，立即发出预警信号，并采取相应的应急措施，如停航、加强堤坝巡查等，以确保水域交通和水利工程的安全运行。

二、交通运输危机处理

（一）应急响应

1.组织应急工作组成员

在交通运输危机发生后，第一步是迅速组织应急工作组成员。这个工作组通常由相关部门的专业人员组成，包括事故调查人员、应急管理人员、公共关系人员等。他们将负责协调应急工作，并根据各自的职责展开工作。

2.调查事故情况

进行事故调查是应急响应中非常重要的一环。调查人员将深入现场，收集相关证据，了解事故的原因、过程以及可能的影响范围和程度。他们将通过现场勘察、询问目击者、分析数据等手段，全面了解事故的情况，为后续应急响应提供有力依据。

3.评估影响范围和程度

在调查事故情况的基础上，应急工作组将对事故的影响范围和程度进行评估。他们将考虑交通流量、运输线路、影响地区的人口密度等因素，综合分析事故可能带来的影响。通过定量和定性的方式，评估事故对交通运输系统以及周边环境、经济的影响，为制定紧急措施提供科学依据。

4.采取紧急措施

在评估了事故的影响范围和程度之后，应急工作组将采取相应的紧急措施。这些措施可以包括但不限于以下几个方面。封锁事故现场，保护现场证据；疏导交通，避免进一步事故发生；组织人员进行救援和医疗救治；修复受损设施，恢复运输能力等。针对具体情况，应急工作组将制订相应的操作计划，并协调相关部门和人员的行动。

5.提供基础支持

应急响应还涉及提供基础支持，以确保应急工作的顺利进行。这包括建立临时指挥中心，集中指挥协调应急工作；及时通报事态发展和处理进展，保持与媒体和公众的沟通；调配必要的物资和资源，支持救援和恢复工作等。通过提供基础支持，确保应急工作高效有序地进行，最大限度地减少事故对交通运输系统和社会的影响。

（二）事故现场处理

1.救援被困人员

在交通运输事故发生后，一些乘客或驾驶员可能会被困在车辆里或周围的环境中。应急响应的第一要务是迅速救援被困人员，确保他们的安全。救援人员应根据现场情况采取适当的救援方法，如破拆车窗、使用救生工具等，将被困人员转移至安全地带，并及时提供紧急医疗救治。

2.处理燃料泄漏

事故可能导致车辆的燃料系统受损，引发燃料泄漏。这种情况下，应立即采取措施避免进一步的火灾或爆炸事故发生。应急人员可以使用专业设备和化学品来控制燃料泄漏，如使用吸油剂来吸收、阻止燃料外溢。同时，要对周围环境进行评估，以确保没有其他危险物质泄漏造成二次污染。

3.清理事故现场

事故现场可能存在散落在道路上的车辆碎片、燃料、液体等危险物质。为了恢复道路通行能力，减少二次事故的发生，应急人员需要迅速清理事故现场。这包括清除碎片、吸收燃料或液体污染物，并确保道路表面干净整洁。清理过程中，应根据危险程度采取相应的防护措施，如佩戴个人防护装备、使用专业清理器具等，以确保清理工作的安全进行。

4.勘查记录和证据保护

在处理事故现场的同时，应急人员需要进行现场勘查，记录事故现场的情况和相关细节。这包括拍摄现场照片、制作草图、收集车辆信息等。这些勘查记录将成为后续事故调查的重要依据。此外，还需要保护现场的证据，避免被破坏或篡改。这可以通过限制人员进入现场、设置警戒线、保护碰撞痕迹等方式来实施。

5.后续善后和恢复工作

一旦事故现场得到控制和清理，接下来需要进行后续的善后和恢复工作。这包括对受伤人员进行医疗救治和安抚，提供必要的法律援助和保险理赔帮助；修复受损设施和道路，恢复运输能力；进行相关事故的调查和分析，找出事故原因，采取措施防止类似事故再次发生。这些工作的顺利进行将有助于最大限度地减少交通运输危机事故所带来的影响。

（三）信息发布与公众沟通

1.设立有效的信息发布渠道

在交通运输危机处理中，需要建立一个快速、及时、可靠的信息发布渠道，以便向公众传达相关信息。可以利用现有的媒体平台，如电视、广播、新闻网站等，也可以借助社交媒体和手机App等新兴媒体手段，确保信息能够广泛传播到公众。

2.信息内容的准确性和透明度

发布的信息应当准确、真实、及时，并且要尽可能简明扼要地传达关键信息。对于事故的原因、影响范围、受伤人数等重要信息，应提供客观准确的数据，避免夸大或缩小事故情况。同时，应向公众公开事故处理的进展情况，以增加透明度，降低公众猜测和恐慌的程度。

3.风险提示和安全指导

信息发布不仅应告知公众事故情况，还应提供风险提示和安全指导，帮助公众做出正确的应对和保护措施。可以提醒公众避开事故现场，遵守交通指示，避免踩踏和拥挤；告知公众有关紧急救援电话和求助途径，以便他们在需要时能够及时寻求帮助。

4.加强与媒体的沟通与协调

媒体在信息传播中具有重要角色，因此与媒体的沟通与协调是至关重要的。应建立良好的与媒体的联系渠道，及时向媒体提供信息，回应媒体的相关问题，确保信息的准确传达。同时，可以邀请媒体参与事故现场采访，提高信息的真实性和可信度。

5.组织公众沟通活动

除了通过媒体渠道发布信息外，还可以组织公众沟通活动，直接与受众进行互动交流。可以举办公众说明会、座谈会等形式的活动，向公众介绍事故情况、处理进展，并回答公众的疑问和关切。这样能够增加公众对危机处理工作的理解和信任，减少不必要的恐慌和焦虑情绪。

（四）资源调度与协调

1.建立资源调度与协调机制

在交通运输危机处理中，应建立资源调度与协调机制，明确各类资源的调度责任和流程。可以设立专门的指挥中心或危机管理团队，负责统筹调度各类资源，确保资源的合理配置和有效利用。这样可以提高协同作战效率，减少资源浪费和重复劳动。

2.快速调动人员和装备

危机处理过程中，需要调动足够数量的救援人员和相关装备。在资源调度过程中，要根据任务需求，迅速调配合适的人员和装备到达事故现场。可以借助现代化通信技术，通过实时定位和调度系统，快速了解资源的位置和状态，以便进行精确调度和协同行动。

3.确保物资供应和运输

在危机处理过程中，物资的供应和运输是至关重要的。应提前预置一定数量的急救物资、应急设备等，以应对突发情况。同时，要加强与供应商和运输公司的合作，确保物资能够及时送达事故现场。可以建立物资储备库和运输调度中心，提高物资调度的灵活性和响应速度。

4.联动合作与信息共享

危机处理中，涉及多个部门和单位的协同合作。应建立跨部门、跨单位的信息共享机制，及时共享事故情况、资源需求等信息，以便各方能够做出协调配合。可以通过建立联合指挥系统、共享数据库等方式，促进信息的快速流转和共享。

同时，要加强与相关部门的沟通协调，共同制定应对危机的方案和措施。

5.培训与演练

为了提高资源调度和协调的能力，需要定期进行培训和演练。可以组织定期的应急演练，模拟不同类型的危机情景，锻炼人员的应急反应和协作能力。同时，要加强对资源调度人员的培训，提高其专业知识和技能水平。这样能够提前发现和解决问题，提高危机处理的效果和质量。

（五）事故调查与总结

1.开展事故调查

在交通运输危机处理后，应立即展开事故调查工作。可以组织专门的事故调查小组，由经验丰富的专家和相关部门人员组成。调查小组要全面收集事故现场的物证、证人证言、相关记录等信息，进行现场勘查和事故重现，以便尽可能还原事故发生的过程。

2.确定事故原因

事故调查的重点是确定事故的根本原因。调查人员需要分析事故发生前、发生过程和事故结果等各个环节的因素，包括人为因素、技术因素、管理因素等。要综合运用相关理论和方法，如事故树分析、因果分析等，找出导致事故发生的主要原因和关键环节，并提出相应的建议和改进措施。

3.界定责任与追究责任

事故调查还需要界定事故责任，并追究相关责任人的责任。调查人员要依据法律法规和相关标准，明确责任人的职责和违规行为，并对责任人进行相应的处罚和处理。同时，要区分事故责任和管理责任，明确责任人的管理职责和失职行为，以便进行相应的整改和改进。

4.总结经验教训

事故调查的目的不仅是追究责任，更重要的是总结经验教训，为预防类似事故提供依据。调查人员要深入分析事故的各个环节和细节，找出事故发生的主要原因和潜在风险点，并提出相应的改进建议。这些经验教训可以用于改进预案、完善管理制度和技术标准，提高运输安全管理水平。

5.推动改进措施的落实

事故调查后，调查小组应及时向相关部门和单位提交调查报告，并提出相应的改进措施。相关部门和单位要高度重视调查报告的意见和建议，按照报告的要求，采取有效措施推进改进工作。同时，要加强对改进措施的跟踪和评估，确保改进措施能够得到有效的执行和落实。

事故调查与总结是交通运输危机处理的重要环节。通过开展事故调查工作，确定事故原因并界定责任，可以为预防类似事故提供依据。同时，要重视总结经验教训，推动改进措施的落实，以提高运输安全管理水平，保障公众的生命安全和财产安全。

（六）恢复与重建

1.制订恢复与重建计划

在交通运输危机得到控制后，需要制订详细的恢复与重建计划。该计划应包括人员调度、设备修复、设施重建等方面的具体工作内容和时间节点。要根据实际情况确定优先恢复的运输路径和设施，确保重要运输线路的快速恢复。同时，要充分考虑资源和资金的调配，确保恢复工作的顺利进行。

2.快速修复设备和基础设施

交通运输危机可能导致设备损坏和基础设施受损，需要尽快修复和重建。要组织专业的维修团队，优先处理关键设备和设施的修复工作，确保其能够正常运行。对于受损较严重的设备和设施，可以考虑采购替代设备或借用其他地区的设备来满足运输需求，以防止恢复工作受阻。

3.人员调度和培训

在恢复与重建阶段，需要合理调度人员，确保运输活动的正常进行。要根据实际需要，安排人员参与设备修复、设施重建和运输安排等工作。同时，还要加强培训工作，提高人员的应急处置能力和专业素质，以应对可能出现的突发情况。

4.加强监测和风险评估

在恢复与重建过程中，要加强对运输活动的监测和风险评估。及时掌握运输线路的安全状况和设备设施的运行情况，发现问题及时调整和解决。同时，要加强应急预警机制的建设，确保在可能出现危机的情况下能够做出及时的反应和处理。

5.效果监测和评估

恢复与重建工作完成后，需要对相关措施的效果进行监测和评估。要对恢复后的运输活动进行安全性和可靠性的评估，及时发现问题并采取措施加以改进。同时，还要总结经验教训，为今后类似事件的应对提供参考和借鉴，持续提高运输系统的抗灾能力和应急响应水平。

恢复与重建工作是交通运输危机处理的重要环节。通过制订详细计划、快速修复设备和基础设施、合理调度人员、加强监测和风险评估以及进行效果监测和评估，能够有效降低危机对运输业的影响，并确保运输活动的安全与顺畅进行。

第十一章 可持续发展与绿色运输

第一节 运输业的环保问题与挑战

一、运输业的环保问题

（一）污染排放

运输业的污染排放主要包括机动车辆和船舶的尾气排放以及工业废水排放。这些污染物对大气和水资源造成了严重的影响。

（1）机动车尾气排放：机动车辆的尾气排放是城市空气污染的主要来源之一。尾气中含有二氧化碳、氮氧化物、一氧化碳和颗粒物等有害物质，它们不仅对人体健康有害，还是温室效应和酸雨的主要原因之一。在城市交通拥堵严重的地区，机动车尾气排放对空气质量的影响更为明显。

（2）船舶排放：船舶排放主要包括废气和废水两个方面。船舶废气中的硫氧化物、氮氧化物和颗粒物等对海洋和河流的生态环境造成了很大的危害，也对人体健康产生潜在风险。而船舶废水中含有重金属、石油类物质和生活污水等，如果未经处理直接排放，将会对水环境造成严重的污染。

（二）能源消耗

运输业对于石油等传统能源的依赖程度较高，这导致了巨大的能源消耗和温室气体排放。

（1）燃料消耗：航空、公路和海运是运输业中能源消耗较大的部分。航空业消耗大量燃料，对石油等化石燃料的需求量庞大，同时也排放大量二氧化碳等温室气体。公路运输依赖于汽油和柴油等传统燃料，而海运则主要使用重油。这些传统燃料的燃烧不仅导致了能源浪费，也增加了温室气体的排放。

（2）温室气体排放：大量的石油消耗导致了运输业在全球温室气体排放中所占比例较高。尤其是二氧化碳的排放量，对全球气候变化产生了显著的影响。因此，减少运输业的能源消耗和温室气体排放是实现可持续发展的重要任务之一。

（三）废弃物产生

运输业在运营过程中产生大量废弃物，如果处理不当将对环境造成严重的污染和危害。

（1）废旧车辆：废弃的汽车和船舶是运输业中主要的废弃物之一。这些废旧车辆包含有害物质和部件，如废油、废电池、废液压油等。如果处理不当，会对土壤和水源造成污染，并给人体健康带来风险。

（2）废弃轮胎：运输业使用的车辆和船舶都需要定期更换轮胎，因此废弃轮胎也是一个重要的废弃物问题。废弃轮胎的堆积和处理需要消耗大量资源，而且废弃轮胎的焚烧会产生有害气体，对空气质量带来负面影响。

（3）其他废弃物：运输业还会产生其他废弃物，如废弃油漆、废弃金属等。这些废弃物的处理应该符合环境保护相关的法律法规，采取科学有效的方法进行处理和处置，以避免对环境造成不可逆转的损害。

二、运输业的环保挑战

（一）技术更新和创新

1.清洁能源交通工具的推广和应用

清洁能源交通工具是运输业实现环保的重要手段之一。电动汽车、氢燃料电池车等零排放或低排放交通工具的推广和应用，可以显著降低尾气排放和空气污染。政府可以提供补贴和税收优惠等激励措施，鼓励企业和个人购买和使用清洁能源交通工具。同时，还需要建设充电桩和氢气站等相应的基础设施，方便用户进行能源补给。此外，相关企业可以加大对清洁能源技术的研发投入，不断提高清洁能源交通工具的性能和可靠性。

2.智能交通系统和物流信息技术的应用

智能交通系统和物流信息技术在运输领域的应用，可以提高运输效率，降低能源消耗和排放。通过采用实时交通信息和智能路线规划，优化货物运输路径，避免拥堵和绕行，减少行车里程和能源消耗。同时，物流信息技术的应用可以实现订单信息的实时跟踪和配送路线的优化，减少运输中的空驶率和时间浪费。此外，物流信息技术还可以提供数据支持，帮助企业进行运输效率分析和节能减排评估，为环保决策提供科学依据。

3.节能技术和能源利用效率的提升

节能技术在运输业的应用可以降低能源消耗和排放。例如，采用轻量化设计和材料，减轻车辆重量；引入动力回收和辅助能源系统，提高能源的利用效率；应用智能节能控制系统，优化车辆的能耗管理等。此外，采用先进的动力系统和传动技术，如混合动力、电机驱动等，可以有效提高汽车的燃油利用率和能源利用效率。同时，运输企业还可以通过培训和技术指导，提高驾驶员的驾驶行为和习惯，减少能源的浪费和排放的产生。

4.运输网络的优化和综合运输体系的建设

优化运输网络和建设综合运输体系，是降低能源消耗和排放的重要途径。例如，通过优化城市道路规划，减少交通拥堵和行车阻力，提高道路的通行效率和能源利用效率。此外，发展公共交通系统和鼓励多式联运，可以减少个人私家车的使用，提高运输资源利用率。同时，加强铁路、水路和航空等不同运输方式的协调与衔接，实现资源的合理调配和运输的综合优化。

5.环保技术和工艺的研发和应用

环保技术和工艺的研发和应用，可以有效减少运输过程中的污染物排放和对生态环境的影响。例如，采用颗粒捕集器和尾气净化装置等技术，控制车辆尾气中的污染物排放；开展废气处理和废物回收利用，减少污染物的排放和资源的浪费；推广绿色包装和环保材料，降低包装废弃物的产生和环境的损害。同时，运输企业也可以通过开展环保培训和管理，提高员工的环保意识和责任感，落实环境保护要求。

（二）政策支持和法规制定

1.出台清洁能源车辆推广政策

政府可以制定相关政策，鼓励和支持运输企业和个人购买和使用清洁能源交通工具。这些政策可以包括购车补贴、免征或减免车辆购置税等经济激励措施，以降低清洁能源交通工具的购买成本。此外，政府还可以通过公共采购或租赁清洁能源交通工具的方式，带动市场需求，并加速清洁能源技术的成熟和推广。

2.提高尾气排放标准

政府可以制定更为严格的尾气排放标准，对运输车辆进行限制和约束。通过强制执行更低的排放限值，可以促使运输企业更新车辆，采用更清洁的动力系统和尾气处理技术。同时，政府需要建立有效的监测与检测机制，确保车辆的实际排放符合标准，并对不符合要求的车辆进行处罚和整改。

3.建立环保监管体系

政府需要建立完善的环境保护监管体系，加强对运输企业的监督和管理。通过加强执法力度，对违规排放和环境污染行为进行打击和处罚，形成良好的市场秩序和竞争环境。同时，政府还应加强对运输企业环境保护责任的监测和评估，鼓励企业主动采取节能减排措施，并及时公开相关信息，增加透明度。

4.推动环保认证和宣传教育

政府可以鼓励和推动运输企业开展环境管理认证，如ISO 14001环境管理体系认证等。通过认证激励机制，提高企业的环境保护意识和责任感，推动企业自愿采取环保措施。同时，政府还可以加大对环保知识的宣传教育力度，提高公众的环保意识和环境保护意识。在运输业中，可以开展环保培训和技术指导，提高从业人员的环保意识和技能水平。

5.增加环保投资和研发支持

政府需要加大对环保技术研发和创新的支持力度，鼓励企业加大环保技术的研究和应用。通过设立专项资金和激励政策，支持运输企业进行环保技术升级和装备更新。同时，政府还可以加大对环保产业的扶持力度，推动环保技术和产品的市场化和产业化发展，促进环保经济的健康发展。

（三）促进可持续发展

1.优化供应链管理

运输企业可以通过优化供应链管理，减少物流环节和中转次数，降低能源消耗和环境影响。例如，运输企业可以与供应商和客户建立紧密的合作关系，实施即时配送和直达模式，减少中间仓储环节和多次运输。同时，运输企业还可以利用信息技术手段，实施智能物流管理，实时监控货物运输状态，避免拥堵和延误，提高运输效率和准时率。

2.推广绿色交通工具和新能源技术

为了实现可持续发展，运输企业可以逐步引进和推广绿色交通工具和新能源技术。例如，选择使用电动车、混合动力车或氢燃料电池车等清洁能源交通工具，减少尾气排放和碳排放。同时，运输企业还可以关注新能源技术的发展，如电池技术、充电设施建设等，为企业提供更加可靠和便捷的新能源解决方案。政府可以给予相关经济激励和支持，推动绿色交通工具的普及和应用。

3.提高运输效率和资源利用率

为了实现可持续发展，运输企业需要不断提高运输效率和资源利用率。运输企业可以通过计划合理配载和货物共享等方式，减少车辆的空驶率和里程成本。同时，运输企业还可以利用先进的物流技术和管理手段，优化运输路径和运输方式，降低能源消耗和碳排放。政府可以加大对物流信息化建设的支持力度，推动物流信息共享和智能化发展，提高供应链的效益和运输的可持续性。

4.培养绿色意识和技能

为了实现可持续发展，运输企业需要培养员工的绿色意识和技能。运输企业可以组织绿色培训和技术交流活动，提高员工对环境保护和节能减排的认知和理解。同时，运输企业还可以建立绿色评价和激励机制，鼓励员工主动采取节能减排措施，提高运输效率和减少资源浪费。政府可以加大对人才培养和技能提升的支持力度，推动运输行业的绿色转型和可持续发展。

5.加强国际合作和经验交流

为了实现可持续发展，运输企业可以加强与国内外同行的合作和经验交流。运输企业可以学习和借鉴其他国家和地区的先进经验和技术，推动绿色物流和可持续交通的发展。政府可以促进运输行业的国际合作和交流，组织绿色物流和可持续发展的国际研讨会和展览会，为运输企业提供一个学习和展示的平台，推动运输业的可持续发展水平不断提升。

（四）公众意识提升

1.开展宣传教育活动

相关部门可以通过多种渠道和方式，如电视、广播、报纸、网络等，向公众普及运输业环保问题的知识，提高公众对环境挑战的认识和了解。例如，制作环保宣传片、举办环保知识讲座和研讨会，组织环保主题的文化活动等，以形象生动的方式向公众传递环保理念和意识。

2.引导媒体关注环保问题

媒体在提高公众环保意识方面发挥着重要的作用。相关部门可以引导媒体关注运输业的环境问题，加大对环保新闻报道和专题节目的支持力度。通过媒体的曝光和报道，向公众展示运输业环保改革的现状和成果，激发公众的环保意识和参与热情。

3.加强环保教育与课程设置

教育部门可以在学校教育中加强环保教育的内容和课程设置。从小学开始，引导学生了解环境保护的重要性和具体行动，培养他们的环保意识和责任感。通过课堂教育、实地考察、社会实践等方式，让学生亲身体验和感受环保工作的重要性，并培养他们形成良好的环保习惯和行为。

4.鼓励企业开展公众参与活动

运输企业可以主动开展公众参与活动，邀请公众参观企业内部环保设施和措施，了解企业的环保工作和成果。同时，运输企业还应提供环保信息的透明度，公布环境影响报告和环保数据，接受公众的监督和评价。这样可以增加公众对企业环保责任的认可和信任，促使企业更加积极地履行环保义务。

5.增加经济激励和奖励措施

政府可以采取经济激励和奖励措施，鼓励公众积极参与环保行动。例如，给予购买环保交通工具的补贴和优惠政策，鼓励公众选择绿色出行方式。此外，政府还可以设立环保志愿服务奖励机制，鼓励公众积极参与环保志愿活动，推动环保行动的广泛开展。这些经济激励和奖励措施将提高公众参与环保行动的积极性和主动性。

（五）国际合作与共享经验

1.加强国际交流与合作

各国可以通过组织国际研讨会、高层对话等形式，加强运输业环保经验的交流与分享。这有助于各国了解彼此的环保政策与措施，借鉴先进经验和技术，共同应对环境挑战。同时，建立跨国合作机制，促进技术转让和合作研发，推动环保技术的创新和应用。

2.推动国际标准的制定与采纳

国际组织和多边机构可以协调各国在运输业环保方面的标准与规范，推动国际标准的制定与采纳。通过制定统一的环保标准，可以提高运输业环保工作的一致性和可比性，促进全球运输业的绿色转型。此外，还可以加强监测和评估机制，确保各国严格遵守标准并及时报告环保数据。

3.构建国际环保合作平台

建立国际合作平台，汇集各国政府、企业、学术机构和非政府组织等各方力量，共同推动运输业的环保改革。平台可以提供信息交流与共享的机会，促进合作项目的洽谈与实施，推动技术共享和创新合作。同时，平台还可以组织国际会议和展览，展示各国在环保领域的成果和经验，促进国际的合作与交流。

4.支持发展中国家的环保能力建设

国际社会应支持发展中国家在运输业环保方面的能力建设。通过向发展中国家提供技术援助、资金支持和培训合作等方式，帮助其提高环境治理水平和技术能力，推动绿色发展。同时，应积极推动南北合作，促进技术转移和共同发展，实现全球运输业的可持续发展目标。

5.倡导环境友好型的全球供应链

关注全球供应链的环境影响，推动供应链的绿色化和可持续发展。通过减少运输距离、优化物流网络、提升运输效率等措施，降低运输过程中的碳排放和资源消耗。同时，鼓励企业采用环保型的包装材料和运输工具，推动全球供应链的环保转型，实现经济发展与环境保护的双赢局面。

第二节 绿色运输政策与技术措施

一、绿色运输政策

（一）发展清洁能源交通工具

1. 制定政策支持和激励措施

政府可以制定一系列政策支持和激励措施，以推动清洁能源交通工具的发展和推广。其中包括提供购车补贴或税收减免，鼓励个人和企业购买电动汽车、氢燃料电池车等清洁能源交通工具。政府还可以建立更加便捷和完善的充电、加氢设施网络，以解决清洁能源交通工具在充电设施方面的不便之处。

2. 加大研发投入和技术创新

政府应该加大对清洁能源交通工具技术研发的投入，支持相关企业和科研机构开展关键技术的研究和创新。通过持续不断的技术进步，提高清洁能源交通工具的性能、续航里程、充电效率等方面的指标，使其更加适用于日常生活和商业运营。

3. 建立基础设施支持体系

政府可以加强对充电设施和加氢站等基础设施建设的投入，并与相关企业合作，建立健全的基础设施支持体系。这样可以解决人们在使用清洁能源交通工具时遇到的充电、加氢难题，提高使用便捷性和用户体验。

4. 推动政府机构和大型企事业单位使用清洁能源交通工具

作为示范和引领，政府机构和大型企事业单位可以率先采购和使用清洁能源交通工具，以树立榜样和引导消费者对清洁能源交通工具的认可和接受度。政府可以制定相关政策，鼓励政府机构和大型企事业单位更新交通工具，并优先选择清洁能源交通工具。

5. 加强宣传和教育

政府可以通过多种途径，如媒体宣传、教育活动等，向公众普及和宣传清洁能源交通工具的优势和意义。政府还可以举办推广活动，并通过积极参与国际合作，与其他国家交流经验，共同促进清洁能源交通工具的发展和推广。

（二）推行排放标准和限制

1.制定更加严格的排放标准

政府可以制定更加严格的车辆排放标准，以限制车辆尾气排放对环境和健康的影响。这包括对不同类型车辆（如乘用车、商用车、重型车辆等）分别制定相应的排放标准，并逐步提高标准的要求。通过引导汽车制造商生产更加环保的车辆，可以有效降低尾气排放的水平。

2.加强监测和检测

政府应加强对车辆尾气排放的监测和检测工作，确保车辆的排放水平符合标准。这包括建立完善的监测设施和技术手段，对车辆进行排放测试，并对不符合排放标准的车辆进行处罚和整改。同时，政府还应加强对监测机构和检测人员的管理和监督，确保监测结果的准确性和可靠性。

3.实行限制和处罚措施

政府可以对不符合排放标准的车辆采取限制和处罚措施，以推动车辆尾气排放的改善。例如，限制高污染排放的车辆进入市中心区域，设立低排放区域，对不符合标准的车辆收取高额通行费或停车费等。同时，对于严重违反排放标准的车辆和企业，可以采取更加严厉的处罚措施，如吊销行驶证、暂停生产经营等。

4.鼓励和支持汽车制造商生产环保车辆

政府可以通过提供奖励、减税和补贴等方式，鼓励汽车制造商生产符合更高排放标准的车辆。此外，政府还可以鼓励技术创新，推动汽车制造业向更加环保和可持续的方向发展，开发和推广新能源汽车、混合动力汽车等低排放车型。

5.加强国际合作与交流

政府可以积极参与国际合作，与其他国家分享经验和技术，共同努力推动全球车辆尾气排放的减少。通过加强国际交流与标准和限制措施，促使车辆尾气排放逐步降低，保护环境和人民的身体健康。同时，这也将推动汽车产业的转型升级，促进绿色可持续发展。

（三）建立公共交通系统

1.建设公共交通设施

政府可以投入资金建设地铁、轻轨、有轨电车等公共交通设施，提升城市的公共交通覆盖率和运输能力。通过建设高效便捷的公共交通系统，可以吸引更多人选择乘坐公共交通工具，减少个人汽车的使用，从而降低交通拥堵和尾气排放。

2.提供优质的公共交通服务

政府应提升公共交通服务的品质,确保公共交通工具的安全、舒适和准点。这包括加强公共交通车辆和设备的维护和更新,提高服务水平和乘客体验。同时,政府还可以通过增加班次、优化线路规划等方式,提高公共交通的频率和可及性,方便市民的出行需求。

3.鼓励人们使用公共交通工具

政府可以制定政策鼓励人们选择公共交通工具出行。例如,通过票价优惠、周边停车费用的提高、限制私人车辆进入市中心区域等措施,鼓励人们减少私人车辆的使用,转而选择乘坐公共交通工具。此外,政府还可以在公共交通站点设置骑行停车场、共享汽车停车位等,方便市民实现多种交通方式的衔接和转换。

4.制定交通管制措施

政府可以通过交通管制措施,限制车辆进入特定区域或道路,以减少城市交通拥堵和尾气排放。例如,实行交通限行措施,根据车辆尾气排放标准和尾号限行等进行交通管理,降低车辆密度,提升交通效率。同时,政府还可以建设和优化交通信号灯系统,提高道路通行能力,减少交通堵塞。

5.公共交通与城市规划的结合

政府在城市规划中应注重公共交通的布局和设计,将公共交通设施与居住区、商业区、产业园区等进行合理连接。通过合理规划路网、站点布局和交通枢纽,提高公共交通的便捷性和覆盖范围,鼓励,减少个人汽车的使用。此外,政府还可以鼓励开发商在新建社区中设立公共交通设施,提供便捷的出行条件,营造绿色低碳的生活环境。

(四)限制城市内部燃油车辆进入

1.燃油车辆限行政策的必要性

针对特别拥堵的城市,限制燃油车辆进入可以有效减少交通拥堵和尾气排放。随着城市人口的增长和私人车辆的增加,道路交通压力不断上升,给城市交通系统和环境带来了巨大挑战。限制燃油车辆进入可以鼓励市民选择其他出行方式,如公共交通工具、非燃油车辆等,从而降低道路交通压力、改善空气质量,并推动城市绿色可持续发展。

2.制定科学合理的限行政策

政府在制定燃油车辆限行政策时应考虑城市的实际情况、道路网络和交通需求。首先,需要根据城市道路状况和交通拥堵情况划定限行区域和限行时间。

其次，应根据车辆尾气排放标准和道路通行能力，确定可进入的车辆类型和数量。此外，政府还应确保限行政策的公平性和合理性，避免给市民的出行造成过大的影响，可以考虑实行不同尾号限行、分时段限行等措施。

3.加强交通管理和执法力度

为了有效执行燃油车辆限行政策，政府需要加强交通管理和执法力度。首先，可以建立完善的交通管理系统，运用先进的智能监控和电子收费技术，实现对车辆出入限行区域的实时监测和控制。其次，要加大执法力度，对违规车辆进行严格处罚，包括罚款、扣分等处罚措施，以提高限行政策的执行效果和市民的遵守度。

4.推广和提升公共交通服务

在限制燃油车辆进入的同时，政府还应加大对公共交通工具的投入和改善服务水平。通过增加公共交通的班次、扩大服务范围等方式，提高公共交通的便利性和吸引力，鼓励更多市民选择乘坐公共交通工具。此外，政府还可以推广非燃油车辆的使用，鼓励市民购买电动汽车、混合动力车等低碳环保车辆，从根本上减少尾气排放和环境污染。

5.促进城市可持续发展

限制燃油车辆进入是促进城市可持续发展的重要举措之一。除了减少交通拥堵和改善空气质量外，政府还应积极推动城市规划、建设配套的充电桩和非燃油加油站等基础设施，为新能源车辆的普及提供便利条件。同时，政府还可以鼓励绿色出行理念的普及和宣传，提高市民对低碳交通方式的认识和接受度，共同推动城市的可持续发展和环境保护。

（五）建立绿色物流体系

1.优化货物运输路径和方式

政府可以通过规划和优化货物运输路径，减少运输距离和时间，降低能源消耗和排放。例如，建设高效的物流枢纽和集散中心，提供便捷的换装服务，优化货物运输网络，减少中转环节和不必要的行驶路程。此外，政府还可以鼓励企业采用多式联运和集装箱化运输，提高物流运输效率，减少货物损耗和能源浪费。

2.提供优质的货运基础设施

政府可以投资建设优质的货运基础设施，提供完善的物流配套服务。例如，修建现代化的港口、机场、铁路和道路等交通设施，增加货物运输的选择性和便利性。同时，政府还可以加强对物流基础设施的管理和维护，确保其运行的高效和可靠性。

3.推行绿色配送

政府可以鼓励物流企业推行绿色配送,采用更环保的运输工具和技术。例如,推广使用电动货车、混合动力车辆等低碳交通工具,减少尾气排放和噪声污染。此外,政府还可以推动智能化的配送系统和路线规划,提高物流配送的效率和准确性,降低能源消耗和运输成本。

4.鼓励企业采用节能环保技术

政府可以通过政策引导和财政支持,鼓励物流企业采用节能环保的运输技术和设备。例如,推广使用节能型车辆、智能化的物流管理系统和设备,提高货物装载率和运输效益,减少每单位货物的能源消耗和碳排放。同时,政府还可以鼓励企业开展科技创新,研发和应用更环保的物流技术和解决方案。

5.加强监管和促进行业可持续发展

政府可以加强对物流企业的监管力度,推动其加大环境保护投入,实施绿色物流措施。例如,制定和执行绿色物流标准和规范,建立物流企业环境管理体系,推广物流企业环境责任认证等。同时,政府还可以加强对行业的宣传和培训,提高物流从业人员的环保意识和技能水平,促进整个物流行业的可持续发展和环境保护。

二、绿色运输技术措施

（一）发展电动汽车技术

1.鼓励电动汽车技术研发和创新

政府可以提供资金支持和政策激励,鼓励企业加大对电动汽车技术的研发和创新。例如,设立专项资金用于支持电动汽车相关科研项目和技术攻关,提供研发经费和奖励机制,吸引更多高科技企业和研究机构参与到电动汽车技术的开发中来。同时,政府还可以加强与高校和科研院所的合作,共同推进电动汽车技术的突破与应用。

2.改善电动汽车充电设施建设

政府可以提供充电设施建设补贴,并加快充电设施建设进程,增加充电桩的覆盖率和充电速度。例如,在城市主干道、商业区和居民小区等重点区域设置充电桩,建立充电网络,方便电动汽车用户充电。此外,政府还可以鼓励建设智能化的充电设施管理系统,提高充电桩的利用率和运营效率。

3.促进电池技术的创新与提升

电池技术是电动汽车发展的关键，政府可以加大对电池技术的支持力度。例如，设立电池技术研究和应用示范基地，提供资金支持和技术指导，推动电池技术的创新与产业化进程。同时，政府还可以鼓励企业加大对电池技术研发的投入，提高电池的能量密度和充电速度，解决电动汽车续航里程和充电时间等问题。

4.制定减税和补贴政策

政府可以通过减税和补贴等经济手段，降低电动汽车的购车成本，增加消费者对电动汽车的购买意愿。例如，实施购置税减免或减半政策，对购买电动汽车的个人和企业给予一定的经济优惠。此外，政府还可以建立电动汽车交易补贴机制，对购买电动汽车的用户进行一定额度的补贴，激励更多人选择电动汽车。

5.加强行业标准和规范制定

政府可以加强与相关部门和汽车行业的合作，推动电动汽车标准和规范的制定与实施。例如，制定电动汽车的安全标准、电池回收利用规范、充电设施建设标准等，确保电动汽车的运行安全可靠，并推动电动汽车产业的健康发展。同时，政府还可以加强监管力度，对电动汽车市场进行监测和管理，打击非法生产和销售行为，维护市场秩序和用户权益。

（二）推广氢燃料电池车技术

1.加大氢燃料电池车技术研发投入

政府可以设立专项资金，用于支持氢燃料电池车相关科研项目和技术攻关。鼓励高科技企业、大学和科研机构加大对氢燃料电池车技术的研发投入，推动关键技术的突破和创新。同时，政府还可以加强与海外研发机构和企业的合作，借鉴先进经验，提升国内氢燃料电池车技术水平。

2.建设氢能源基础设施

为了推广氢燃料电池车的使用，政府应加快氢能源充电站等基础设施的建设进程。提供资金支持和政策激励，鼓励企业投资兴建氢能源基础设施。重点在城市主干道、交通枢纽和商业区等位置布局氢能源充电站，确保氢燃料电池车用户能够方便地获取氢能源并进行加注。

3.制定氢燃料电池车产业政策

政府可以制定有针对性的产业政策，推动氢燃料电池车产业的发展。例如，给予税收优惠和补贴政策，降低氢燃料电池车的购车成本，增加用户购买的积极性。政府还可以鼓励氢燃料电池车的生产企业与能源供应企业、充电站运营商等形成产业链合作，促进全产业链的协同发展。

4.加强氢燃料电池车技术标准与规范制定

政府应加强与相关行业组织和专家学者的合作，制定氢燃料电池车技术标准与规范。例如，制定氢燃料电池车的安全标准、氢能源设备制造标准等，确保氢燃料电池车的运行安全可靠。同时，政府还可以加强对氢燃料电池车产业的监管，打击假冒伪劣产品和不合格产品，维护消费者权益和市场秩序。

5.提高公众对氢燃料电池车的认知与接受度

政府可以加大对氢燃料电池车的宣传力度，提高公众对其优势和环保性的认知。通过举办展览、论坛等活动，向公众介绍氢燃料电池车技术和发展前景，引导消费者对绿色交通的选择。此外，政府还可以鼓励企业推出优惠政策，例如补贴购车款项或提供免费试乘试驾等，增加公众对氢燃料电池车的接受度和购买意愿。

（三）节能技术的研发和应用

1.加大对节能技术研发的资金投入和政策支持

政府应设立专项资金，用于支持节能技术的研发和应用。鼓励高科技企业、大学和科研机构加大对节能技术领域的科研投入，推动核心技术的突破和创新。同时，政府还可以制定税收优惠政策，鼓励企业投资节能技术的研发和应用，提高其市场竞争力。

2.促进运输工具的动力系统升级和优化

政府可以推动运输工具的动力系统升级和优化，提高能源利用效率和减少能耗。例如，鼓励汽车制造企业研发和推广混合动力、电动汽车等低能耗和零排放的车型。此外，政府还可以加大对新能源汽车的补贴力度，降低购车成本，推动更多消费者选择节能环保的交通工具。

3.推动轻量化材料在运输工具中的应用

通过推广轻量化材料的应用，可以有效减少运输工具的自重，降低能耗并提高运行效率。政府可以鼓励企业加大对轻量化材料的研发和生产投入，提高其质量和可靠性。并制定相关政策以推动轻量化材料的应用，例如为采用轻量化材料的运输工具提供税收优惠和补贴政策，增加企业使用轻量化材料的积极性。

4.加强交通管理和智能交通系统建设

通过加强交通管理和智能交通系统建设，可以优化交通流量、减少拥堵和能源浪费。政府可以加大对交通基础设施的投资，建设智能交通监控系统、交通信号灯协调控制等设施，提高路网的容量和效率。同时，政府还可以借助人工智能、大数据等技术，实现交通信息的实时监测和智能调度，提高交通运输的效率和能源利用效率。

5.提高社会公众的节能意识和行为习惯

政府可以加大对节能宣传教育的力度，提高社会公众的节能意识和行为习惯。通过举办节能知识讲座、宣传活动等方式，向公众传递节能的重要性和节能技术的应用前景。政府还可以制定相关政策，例如推广节能家电、鼓励绿色出行等，引导公众采取节能措施，共同参与到节能减排的行动中。

（四）推行智能物流系统

1.建设物流信息共享平台

政府可以主导建设一个统一的物流信息共享平台，整合各个环节的数据和信息资源。通过物联网技术、大数据分析等手段，实现货物的实时跟踪、库存管理和配送路径优化。这样可以提高物流的效率，减少因信息不畅而导致的能源浪费和时间浪费。

2.推广智能仓储技术

智能仓储技术可以提高货物的存储密度、自动化程度和操作效率，减少能源消耗和人力成本。政府可以鼓励物流企业引入智能仓储设备和系统，提供相关的技术培训和支持。同时，政府可以采取激励措施，例如给予税收优惠和补贴，降低企业投资成本，推动智能仓储技术的广泛应用。

3.促进配送路线优化和智能调度

通过智能物流系统，可以实时监测货物配送的状态和交通情况，进行配送路线的优化和智能调度，减少运输过程中的拥堵和能源浪费。政府可以鼓励物流企业采用智能调度软件和算法，提供相应的技术支持和培训。同时，政府还可以加强对交通管理和路网建设的投入，提高道路运输的效率和可靠性。

4.提倡绿色包装和环保运输方式

政府可以制定相关法律法规，要求物流企业采用绿色包装材料，减少包装垃圾的产生。同时，政府还可以鼓励企业采用环保的运输方式，如推广电动货车、发展公铁联运等，减少运输过程中的能源消耗和排放。政府可以提供相应的资金支持和补贴，降低企业的投资成本，推动绿色物流的发展。

5.加强安全管理和风险控制

智能物流系统不仅可以提高物流效率，还可以加强物流安全管理和风险控制。政府可以建立健全的物流安全监管机制，加强对物流企业的监督和指导。

同时，政府还可以提供相关的安全标准和技术规范，推动物流企业建立健全的安全管理体系，保障货物的安全和运输过程的顺利进行。

（五）推广可再生能源的使用

1.加强政策引导和经济激励

政府在推广可再生能源的使用方面可以制定相关政策和法规，明确目标和时间表，鼓励企业和个人采用可再生能源。例如，通过对可再生能源设施建设和使用的补贴、税收减免等经济激励措施，降低可再生能源的成本，提高其竞争力。

2.建设基础设施支持

政府可以投资建设太阳能充电站、风力发电设施等基础设施，为绿色交通工具提供可再生能源供应。这些设施可以提供清洁、可持续的能源，满足电动汽车等绿色交通工具的充电需求，推动绿色交通的发展。

3.鼓励技术研发和应用

政府可以鼓励企业投资可再生能源技术研发和应用，提供相应的资金支持和政策扶持。通过支持创新技术的开发和商业化应用，推动可再生能源行业的发展，减少对传统能源的依赖。

4.促进可再生能源产业链发展

政府可以积极引导和推动可再生能源产业链的发展。通过支持相关企业的投资和技术升级，促进产业链的完善和提升，形成完整的产业生态系统。此外，政府还可以加强与相关国际组织和合作伙伴的合作，共同推动可再生能源的应用。

第十二章 运输经济政策与规划的实践与展望

第一节 运输经济政策与规划的实施效果评估

一、运输经济政策与规划对交通运输业发展的促进作用

（一）提升资源调动和设施建设水平

运输经济政策与规划在交通运输业发展中的促进作用首先体现在资源调动和设施建设水平的提升上。政府可以通过制定相关政策，调动各方面资源，增加对交通运输业的投入，促进基础设施建设，如道路、铁路、港口、机场等交通运输设施的建设与改善。通过完善设施建设，可以加强运输网络的连通性和覆盖范围，提高运输效率，同时也为其他产业的发展提供了良好的基础条件。

（二）优化运输网络布局

运输经济政策与规划还能够对交通运输业发展起到优化运输网络布局的作用。政府可以通过相关规划，合理规划和布局不同交通方式的运输网络，促进多种交通方式的协同发展和互补，构建高效便捷的运输网络体系。例如，通过与铁路、公路、水路等多种运输方式的衔接，可以提高运输时效，降低物流成本，优化运输服务，满足人民群众的出行和物流需求。

（三）提高运输效率

政策与规划的制定应该注重提高运输效率。通过引进先进的技术和管理模式，推动交通运输业的现代化和智能化发展，可以提高运输效率和服务质量。例如，采用物联网技术、大数据分析等手段，实现对运输流程的实时监控和优化，可以提高货物运输的准确性和及时性，降低运输成本，改善整体运输服务水平。

（四）降低物流成本

运输经济政策与规划对交通运输业发展的促进作用还表现在降低物流成本方面。政府可以通过优化运输路线、提升运输效率、降低运输成本等措施，减少物流环节中的时间和资源浪费，降低物流成本，提高交通运输业的竞争力。

此外，政府还可以推动相关行业标准的制定，优化监管机制，提高运输市场的透明度和公平性，进一步降低物流成本，促进交通运输业的发展。

（五）满足人民群众需求

政策与规划的制定应该能够满足人民群众不断增长的出行和物流需求。随着社会经济的发展和人民生活水平的提高，人们对于交通运输服务的要求也越来越高。政府可以通过制定合理的政策和规划，提高交通服务水平，满足人民群众的出行需求，进一步促进交通运输业的发展。

二、运输经济政策与规划对经济发展的影响

（一）促进经济增长

运输经济政策与规划对经济发展的首要影响是促进经济增长。通过政府的相关政策与规划，可以提升交通运输的效率和便捷性，降低物流成本，促进商品和服务的流动，扩大市场规模。这将有助于激发经济活力，推动企业发展，促进产业升级，从而实现经济的快速增长。

（二）创造就业机会

运输经济政策与规划的实施可以创造大量的就业机会，对就业市场产生积极影响。在交通基础设施建设和运输服务发展过程中，需要大量的人力资源投入，包括工程施工、设备制造、运输服务等领域。这将为就业提供更多的岗位和机会，减少失业压力，改善社会就业状况，提升人民群众的生活水平。

（三）资源配置的优化

政策与规划对经济发展的影响还表现在资源配置的优化上。通过科学合理的运输经济政策与规划，可以实现各种资源的有效配置和利用，提高资源利用效率。比如，在运输规划中合理安排不同地区的交通设施建设，将资源集中投入到具有竞争力和优势的产业链条上，推动资源的集聚和优化配置，提升产业链的附加值和竞争力。

（四）产业升级和区域发展的推动

运输经济政策与规划对产业升级和区域发展也具有重要推动作用。通过建设现代化的运输网络和提升运输服务水平，可以促进产业链的延伸和升级，加强产业的合作与融合。同时，政府可以根据不同地区的特点和优势，制定相应的运输经济政策与规划，引导资源向具备比较优势的地区倾斜，促进区域发展的均衡性和可持续性。

（五）促进国际贸易和全球化进程

运输经济政策与规划还能够促进国际贸易和全球化进程。一个高效、便捷的运输体系是支撑国际贸易的基础，通过政府的相关政策与规划，可以推动跨境物流的畅通和协调，降低跨境贸易的成本，提高国际贸易的便利性。同时，通过与其他国家的合作与交流，不断提升运输服务水平和品质，进一步加强经济全球化过程中的连接与融合。

三、运输经济政策与规划对环境的影响

（一）空气污染

交通运输活动是空气污染的主要源头之一，尤其是道路交通会排放大量的废气，包括二氧化碳、氮氧化物和颗粒物等。政策与规划的制定应该注重控制交通排放的大小和质量，并采取相应的措施减少尾气排放。例如，推广使用清洁能源汽车，提高燃油质量标准，限制高污染排放车辆的行驶等。评估政策与规划的实施效果可以了解到这些措施对空气质量的改善程度，并进一步完善相关政策。

（二）噪声污染

交通运输活动会产生噪声污染，特别是在城市交通密集地区和交通枢纽周边。政策与规划的制定应该注重减少交通噪声对居民生活的影响。例如，通过设置隔离带、降低道路噪音源的噪声辐射等措施，减少噪声传播和扩散。同时，在城市规划中，应合理布局道路和居民区，减少噪声源与居民的接触。评估政策与规划的实施效果可以了解到噪声污染水平的变化，并进一步制定更加有效的控制措施。

（三）土地占用

交通运输业需要大量的土地资源用于修建交通设施，这会导致土地资源的消耗和环境生态的破坏。政策与规划的制定应该注重优化土地利用，尽量减少土地占用面积，并合理规划交通设施的布局。例如，鼓励合理利用既有道路和交通设施，提高交通网络的密度和效能。评估政策与规划的实施效果可以了解到土地占用情况的变化程度，并进一步采取措施保护土地资源，促进环境可持续发展。

（四）资源利用效率

交通运输活动需要大量的能源和其他资源，因此政策与规划的制定应该注重提高资源利用效率。通过推广节能技术、优化运输组织方式、鼓励共享经济

等措施，可以减少资源消耗和浪费。评估政策与规划的实施效果可以了解到资源利用效率的提升程度，并进一步完善相关政策，促进资源的可持续利用。

（五）生态保护和环境可持续发展

评估运输经济政策与规划对环境的影响还应考虑生态保护和环境可持续发展的因素。政策与规划的制定应该注重生态环境的保护，如湿地保护、防治水土流失等，同时也应关注交通设施建设对生态环境的影响并采取相应的补救措施。评估政策与规划的实施效果可以了解到生态环境的变化情况，并进一步优化政策与规划，实现交通运输业和环境的协调发展。

四、运输经济政策与规划对社会的影响

（一）社会公益性

评估运输经济政策与规划对社会的影响，首先需要考虑其是否具有公益性。合理的政策与规划应该能够满足人民群众的出行需求，提供高效、安全和便利的交通服务。例如，制定街道交通规划、公共交通优先政策等，可以减少交通拥堵，提高市民的出行效率。评估政策与规划的实施效果可以了解到交通服务水平的变化，从而进一步完善相关政策，促进社会公益性的提升。

（二）社会安全性

评估运输经济政策与规划对社会的影响还需要考虑社会安全性。交通运输活动涉及大量的车辆和乘客，因此政策与规划的制定应注重交通安全管理和措施。例如，加强交通法律法规的培训和执行，加强道路交通设施的维护和改善，提高驾驶员和乘客的安全意识等。评估政策与规划的实施效果可以了解到交通事故率的变化，进而采取有效措施提升社会安全性水平。

（三）社会融合性

运输经济政策与规划的实施也应注重社会融合性，即能否促进不同社会群体之间的相互交流和合作。政策与规划的制定应考虑到城市和农村、富裕和贫困地区之间的交通需求差异，推动交通资源的公平分配，缩小城乡交通差距。例如，鼓励发展农村公共交通，优化城市公共交通网络覆盖范围，增加与远郊地区的交通联系等。评估政策与规划的实施效果可以了解到社会融合程度的变化，并进一步改进相关政策，促进社会公平和社会稳定。

（四）社会经济发展

运输经济政策与规划对社会经济发展也有重要影响。合理的政策与规划可以促进产业协调发展，提高物流效率，降低交通成本，推动地区经济的发展。

例如，发展多式联运，优化物流配送网络，促进区域经济的互联互通等。评估政策与规划的实施效果可以了解到经济发展水平的变化，从而进一步完善相关政策，促进社会经济的可持续发展。

（五）社会幸福感和满意度

评估运输经济政策与规划对社会的影响还要考虑到人民群众的幸福感和满意度。合理的政策与规划应该能够提升人民群众的生活质量，为他们提供更好的出行体验和服务。例如，提高公共交通的舒适性和便利性，提升交通信息服务的覆盖范围和准确性等。评估政策与规划的实施效果可以了解到人民群众的满意度和幸福感的变化，为进一步提升群众的生活品质提供依据和指导。

第二节　运输经济政策与规划的未来发展趋势

一、可持续性发展

（一）气候变化和资源消耗的压力增加

随着全球气候变化问题日益突出和资源消耗的加剧，可持续性发展成为运输经济政策与规划的重要关注点。在未来，为了应对这些挑战，各国将更加注重减少碳排放、提高能源效率以及推广低碳交通方式。

（二）减少碳排放

减少碳排放是实现可持续性发展的关键措施之一。在运输领域，传统燃油驱动的车辆是主要的碳排放源之一。因此，未来将采取多种措施来降低碳排放，例如推广电动车辆、使用生物燃料和改善传统燃油车辆的燃烧效率等。同时，还需要加强对运输企业和个人的碳排放监管，鼓励采用低碳交通方式，如步行、骑行和公共交通等。

（三）提高能源效率

提高能源效率是另一个促进可持续性发展的重要手段。在运输领域，尽量减少能源的浪费和损耗是关键。这可以通过推广先进的车辆动力系统和节能技术来实现。例如，利用混合动力、纯电动和燃料电池等新能源技术，以及减少车辆空气动力学阻力和轮胎滚动阻力等手段来提高能源利用效率。

（四）推广低碳交通方式

为了实现可持续性发展，需要更广泛地推广低碳交通方式。电动车辆和公共交通系统是目前较为主流的低碳交通方式。电动车辆具有零排放和低噪音的特点,可以有效减少环境污染和噪声污染。而公共交通系统则可以集中运输大量人群,减少个人汽车使用,从而降低碳排放和交通拥堵。未来,政府和相关部门应加大对低碳交通方式的支持和投入,提供更多的优惠政策和便利条件,鼓励人们选择更环保的出行方式。

(五)基础设施建设与规划中考虑可持续性

为确保交通系统的环境友好性,可持续性考虑应当纳入基础设施建设和规划中。在设计和建设交通基础设施时,应合理规划路网布局,优化交通流动性,减少车辆拥堵和能源浪费。同时,还需要注重环保因素,选择环境友好的建材和技术,并合理规划绿化空间和生态公园等环境保护措施,促进城市可持续发展。

二、数字化和智能化

(一)信息技术的快速发展

随着信息技术的迅猛发展,未来的运输经济政策与规划将越来越依赖数字化和智能化的解决方案。信息技术的快速发展为交通运输系统提供了更多的创新和改进机会。通过数字化和智能化的手段,可以收集、存储和分析大量的交通数据,以优化交通流动、提高交通安全性和效率。

(二)数字化交通流动优化

数字化和智能化技术可以帮助实现交通流动的优化。例如,通过智能交通系统可以实时监测交通状况,收集车辆速度、密度和道路状态等数据,并基于这些数据进行交通管理和调度。通过分析数据,可以精确预测交通拥堵的发生和扩散趋势,并及时采取相应措施,如调整交通信号、引导交通流量等,从而减少交通拥堵和提高交通流动性。

(三)提高交通安全性

数字化和智能化技术也可以提高交通安全性。通过智能交通系统的监控和分析,可以实时监测交通事故和违法行为,并及时采取措施进行干预和管理。例如,基于视频监控和图像识别技术,可以实现交通违法行为的自动识别和记录,从而提高交通违法行为的查处效率。此外,智能车辆安全系统和自动驾驶技术也有望在未来减少交通事故的发生。

(四)提高交通效率

数字化和智能化技术可以提高交通运输的效率。通过实时的数据分析和交通调度,可以优化交通路线、减少空驶率和等候时间,最大限度地利用交通资源。同时，通过智能交通系统的智能导航和路况提示，可以帮助驾驶员选择最佳路线，避免拥堵和延误，提高交通效率。此外，数字化和智能化技术还可以实现交通运输与其他领域的信息互联互通，促进物流协同和供应链管理的优化，进一步提高交通运输的效率。

（五）促进可持续发展

数字化和智能化技术可以促进交通运输的可持续发展。通过数字化和智能化技术的应用，可以更好地进行交通需求预测和优化，避免不必要的行驶和能源浪费，减少碳排放和环境污染。同时，通过智能交通系统的智能调度和管理，可以提高交通资源的利用效率，降低运输成本，促进交通运输的可持续发展。

三、多式联运和互联互通

（一）多式联运的优势

多式联运是指将不同交通模式有机结合，通过衔接和协作提供更加高效便捷的货物和人员运输服务。多式联运具有以下优势。

1. 提高运输效率：

用不同交通模式的特点，将货物和人员在不同的运输环节中进行转换，可以最大限度地发挥各种交通模式的优势，提高整体运输效率。例如，长距离货物可以通过铁路或水运进行快速送达，而最后一公里的配送则可以利用道路运输。

2. 降低运输成本

通过多式联运，可以减少中转环节和货物的重新装卸等操作，从而降低运输成本。同时，选择合适的交通模式进行运输，可以根据实际情况降低能源消耗和运输费用。

3. 提升服务质量

多式联运可以提供无缝的货物和人员运输服务，减少运输过程中的中断和延误。与单一交通模式相比，多式联运在时间上更加可控，能够更好地满足客户的需求，提升服务质量。

4. 优化资源配置

通过多式联运，可以更好地利用各种交通模式的资源，实现优化的资源配置。例如，可以利用铁路运输大宗货物，减轻公路的负荷，提高公路运输的效率。同时，还可以更好地调配运输设施和设备，提高资源利用率。

（二）多式联运的挑战

虽然多式联运具有诸多优势，但也面临一些挑战。

1.缺乏统一标准

不同的交通模式之间存在着不同的规范和标准，如货物包装、托运单据等。由于缺乏统一标准，可能导致信息不对称、操作复杂等问题，增加了多式联运的难度。

2.协调与合作困难

多式联运涉及不同的运输企业、部门和机构之间的合作与协调。由于各方利益不同、管理体制不同等因素，可能存在协调与合作困难的情况，影响多式联运的推进和发展。

3.运输环节的风险

多式联运过程中，涉及多个运输环节和多个运输主体，其中任何一个环节发生问题都可能影响整个运输过程。如何管理和控制各个环节的风险，确保货物和人员的安全和顺利运输，是一个需要解决的关键问题。

（三）互联互通的重要性

未来的运输经济政策与规划还将注重推动交通运输网络的互联互通。互联互通是指不同地区和国家之间运输网络的畅通和便捷连接。互联互通的重要性体现在以下几个方面。

1.促进贸易和经济发展

互联互通的运输网络可以实现不同地区和国家之间的高效货物流通，促进贸易和经济的发展。畅通的运输网络可以降低物流成本、提高物流效率，为贸易活动提供更加便捷和可靠的支持。

2.加强区域合作与互联互通

互联互通的运输网络有助于加强区域合作和互利共赢。通过连接不同地区和国家的运输网络，可以促进资源的互补和合作，实现优势互补，推动区域内各方的共同发展。

3.提升基础设施建设水平

互联互通的运输网络需要具备良好的基础设施支撑，如公路、铁路、港口、机场等。为了实现互联互通，需要加强基础设施建设，提升运输网络的覆盖范围和运行效率，促进基础设施建设水平的提升。

4.便利人员流动和交流

互联互通的运输网络不仅便利货物流通，也有利于人员流动和交流。畅通的运输网络可以提供更加便捷的交通条件，方便人员的出行和交流，促进不同地区和国家之间的人员互动与合作。

（四）互联互通的推动措施

为了推动交通运输网络的互联互通，可以采取以下措施。

1.加强合作机制

建立跨地区和国际的合作机制，促进各方间的信息共享、政策协调和合作实施。可以通过国际组织、政府间合作框架等方式，促进各方的协同合作，共同推进互联互通的目标。

2.提升基础设施建设

加大对交通基础设施的投资力度，加强公路、铁路、港口、机场等基础设施的建设和改善，提升运输网络的覆盖范围和运行能力。

3.推动技术创新

利用先进的信息技术、智能化技术等，推动交通运输网络的数字化和智能化发展，提高运输管理和运行效率。同时，还可以探索新兴技术如无人驾驶、物联网等在互联互通中的应用，促进交通运输的创新与发展。

4.降低贸易壁垒

通过减少贸易壁垒、优化贸易流程，促进贸易便利化，为互联互通提供更加良好的环境。包括简化和规范跨境贸易手续、加快通关速度、改善后勤保障等措施，提高贸易的便捷性和效率。

四、城市化和城市交通规划

（一）城市化对城市交通规划的挑战

城市化过程中，城市人口的增长和城市功能的扩展会带来许多挑战，对城市交通规划提出了要求。

1.交通拥堵和交通流量管理

城市化加剧了交通拥堵问题，道路容量不足无法满足日益增长的交通需求。因此，城市交通规划需要解决交通拥堵问题，包括合理规划道路网络、提高道路运行效率、优化交通信号控制等。

2.公共交通系统建设

城市化使得人口密集区域交通需求增加，公共交通成为缓解交通拥堵的重要手段。因此，城市交通规划需要注重公共交通系统的建设，包括地铁、轻轨、公交等，以提供便捷、高效的出行方式。

3.城市空气质量和环境保护

城市化带来的交通增长也会增加尾气排放和噪声污染，对城市空气质量和居民健康构成威胁。因此，城市交通规划需要考虑环境保护问题，推动绿色出行方式的发展，如电动车辆和自行车道等。

4.土地利用和城市扩展

城市化过程中，城市土地资源有限，需要合理规划土地利用和城市扩展，以减少通勤距离和能源消耗。因此，城市交通规划需要与城市空间规划相结合，优化交通网络布局和土地利用，实现城市的紧凑发展。

（二）城市交通规划的目标

综合的城市交通规划应该通过以下目标来指导。

1.提高交通效率和出行便利

通过合理规划道路网络、公共交通系统和非机动交通设施，提高交通运输效率，减少交通拥堵，提供多样化的出行方式，提升居民生活质量。

2.促进可持续交通发展

在规划过程中注重环境保护，推动绿色出行方式，减少尾气排放和噪声污染，提高交通运输的能源效率和环境友好性。

3.强化公共交通系统建设

加强公共交通网络的建设，提供高质量、便捷的公共交通服务，鼓励人们使用公共交通，减少私家车使用，缓解交通拥堵。

4.优化土地利用和空间布局

通过合理规划城市空间布局，减少通勤距离，提升土地利用效率，实现城市的紧凑发展，减少对交通系统的依赖。

5.提升交通安全水平

加强道路安全管理，通过改善道路设计、交通信号控制等手段，降低交通事故的发生率，保障居民的交通安全。

（三）城市交通规划的策略

为了有效实施城市交通规划，可以采取以下策略。

1.综合规划和协同发展

以综合规划为基础，协调城市交通规划与城市空间规划、土地利用规划等相关领域的发展，实现协同发展，避免片面性规划带来的问题。

2.鼓励绿色出行方式和公共交通

通过制定相应政策，鼓励居民使用绿色出行方式，如步行、骑行、公共交通等，减少私家车使用的依赖，降低交通拥堵和环境污染。

3.推动智能交通技术应用

借助智能交通技术，如智能交通信号控制、智能导航系统等，提升交通运输的智能化水平，减少交通拥堵和能源消耗。

4.强化交通安全管理

加强道路安全管理，加大对道路交通违法行为的执法力度，改善道路设计和交通设施，提高交通安全水平。

5.多部门合作与社会参与

城市交通规划需要各相关部门之间的密切合作，形成跨部门的协同机制。同时，也需要广泛吸纳社会各界的意见和建议，加强公众参与，提高城市交通规划的科学性和可行性。

（四）城市交通规划的实施和监测

城市交通规划的实施需要制订详细的行动计划和实施方案，明确责任主体和时间节点。同时，建立有效的监测机制，定期评估规划实施的效果，并及时进行调整和优化。

1.建立绩效评价指标体系

制定科学合理的绩效评价指标，包括交通流量、交通速度、环境影响等方面的指标，用于评估规划实施的效果。

2.加强数据采集和信息共享

建立健全的交通数据采集系统，包括交通流量、交通事故等数据的收集和分析。同时，在相关部门之间加强信息共享，提高决策的科学性和准确性。

3.推动技术创新应用

利用先进的技术手段，如大数据、人工智能等，对城市交通系统进行模拟和优化，提升交通规划和管理的科学性和精细化水平。

4.定期评估和调整规划策略

定期对规划实施效果进行评估，根据评估结果及时进行调整和优化。同时，及时总结经验教训，为未来的城市交通规划提供参考。

（五）未来城市交通规划的展望

未来，城市交通规划将面临更多的挑战和机遇。随着科技的发展和智能交通技术的应用，城市交通规划将更加注重绿色、智能和可持续的发展。

1.推动可持续出行

注重推动可持续的出行方式，如电动车、共享单车、步行等。同时，通过建设智能交通系统，提供出行信息和服务，引导居民选择更加环保和便捷的交通方式。

2.引入新兴技术

利用新兴技术如无人驾驶、智能交通信号控制等,提升交通运输效率,优化道路网络和交通流量管理。同时,借助大数据分析和预测,更加准确地预测交通需求,提供个性化的交通服务。

3.加强跨区域城市交通合作

随着城市群的形成和发展,跨区域城市交通合作将更加重要。城市交通规划需要与周边城市进行紧密协调,建立跨城市的交通联动机制,实现城市间的高效衔接和协同发展。

4.提升智慧城市建设水平

城市交通规划需要与智慧城市建设相结合,通过信息技术和物联网的应用,实现城市交通系统的智能化和互联互通。同时,也需要加强网络安全防护,确保智慧城市的可持续发展。

随着城市化进程的不断推进,城市交通规划将成为城市发展的重要组成部分。通过科学合理的规划和有效的实施,城市交通规划将为人们提供更加便捷、高效、环保的出行方式,促进城市的可持续发展。

五、国际合作和政策协调

(一)国际合作的重要性

1.经济互联互通

国际合作可以促进不同国家之间的经济互联互通,加强贸易和投资活动,推动跨境货物和服务的流动,促进世界经济的发展。

2.跨境运输挑战

由于跨境货物运输和国际航空、海运等具有跨国性的特点,各国需要共同应对相关挑战,如海关手续、物流成本、安全风险等,通过合作和协调来解决问题。

3.资源优化和共享

通过国际合作,各国可以分享经验和最佳实践,学习借鉴其他国家的成功经验,以及共同利用资源,提高运输效率和安全性。

4.环境保护和可持续发展

国际合作可以促进环境保护和可持续发展,在全球范围内推动绿色运输和低碳交通的发展,共同应对气候变化和环境污染等挑战。

5.促进和平与稳定：通过加强国际合作，建立良好的运输经济政策和规划机制，可以促进国家之间的相互理解和信任，维护地区和平与稳定。

（二）国际合作的主要领域

1.跨境运输合作

各国应加强跨境货物运输合作，包括简化海关手续、协调交通运输政策、提高边境口岸的设施和服务水平等，促进贸易畅通。

2.航空和海运合作

国际航空和海运是全球化经济的重要组成部分，各国应加强航线和航班的合作，提升海运港口的设施和管理水平，共同维护国际运输的安全和可靠性。

3.信息技术合作

信息技术在运输经济中发挥着关键作用，各国应加强信息技术的合作，共享运输数据和信息，提升运输管理的智能化和效率。

4.绿色运输合作

各国应共同推动绿色运输和低碳交通的发展，加强绿色技术的研发和应用，减少碳排放和环境污染，推动可持续发展。

5.人员流动合作

人员流动是运输经济的重要组成部分，各国应加强人员流动的合作和管理，共同应对移民、劳动力流动等问题。

（三）国际政策协调的机制和平台

1.国际组织和机构

国际民航组织、国际海事组织、世界海关组织（WCO）等国际组织在运输经济领域发挥着重要作用，各国可以通过这些机构进行政策协调和合作。

2.双边和多边协议

各国之间可以通过签订双边或多边协议来推动运输经济的合作和发展，如自由贸易协定、空中运输协定等。

3.国际会议和论坛

各种国际会议和论坛为各国间交流和合作提供了平台，如联合国气候变化大会、国际运输论坛等。

4.区域合作机制

各地区可以建立区域合作机制，如欧洲联盟（EU）、东盟经济共同体（AEC）等，推动运输经济政策和规划的协调和合作。

（四）国际合作的政策协调原则

1.可持续发展

国际合作应以可持续发展为原则，促进绿色运输和低碳交通的发展，减少对能源的依赖和环境的影响。

2.公平竞争

各国应遵循公平竞争的原则，防止不正当竞争行为的发生，维护运输市场的公平和透明。

3.优势互补

各国应根据自身的特点和优势，推动合作和互利共赢，实现各方面资源的优势互补。

4.风险共担

国际合作应共同承担风险，加强风险管理和安全保障，共同应对恐怖主义、海盗和非法贸易等潜在威胁。

（五）未来国际合作的展望

1.科技创新

未来国际合作将更加注重科技创新的推动，通过数字化、物联网、人工智能等新技术的应用，提升运输经济的智能化和效率。

2.绿色可持续

国际合作将加强对绿色运输和可持续发展的支持，推动绿色技术的研发和应用，减少碳排放和环境污染。

3.一体化和互联互通

国际合作将更加注重一体化和互联互通，通过推动贸易便利化、物流互联互通等措施，促进不同国家之间的经济互联互通。

4.多边主义

未来国际合作将更加强调多边主义，各国应加强在国际组织和机构中的合作，共同应对全球性的运输挑战。

5.社会参与

国际合作需要广泛吸纳社会各界的参与和建议，打造多元化的合作平台，实现政策协调和规划实施的民主化和透明化。

通过国际合作和政策协调，各国可以共同应对全球运输经济面临的挑战，推动运输领域的可持续发展和繁荣，为全球经济和社会发展做出积极贡献。

参考文献

[1]陆小福.交通运输经济发展管理要点的创新策略[J].中国航务周刊,2023(43):49-51.

[2]徐丽梅.低碳经济背景下公路交通运输经济的发展趋势研究[J].中国航务周刊,2023(42):51-53.

[3]陈贵宽.浅谈信息化管理在公路运输经济中的作用[J].中国航务周刊,2023(42):60-62.

[4]杨梅花.浅析低碳经济下的物流运输经济发展[J].中国航务周刊,2023(41):60-62.

[5]卫青.新时代杭州交通运输经济的挑战与策略[J].中国航务周刊,2023(40):50-52.

[6]罗皓.低碳经济下水路运输经济发展研究[J].中国航务周刊,2023(40):41-43.

[7]韩建.探究低碳经济下水路运输经济发展优势[J].中国储运,2023(10):104-105.DOI:10.16301/j.cnki.cn12-1204/f.2023.10.062.

[8]俞静雅.超限治理对公路运输经济的重要性研究[J].中国产经,2023(18):45-46.

[9]陈淑君.交通运输经济发展面临的挑战及解决策略[J].中国航务周刊,2023(39):50-52.

[10]赖园.探讨全面预算管理在交通运输经济中的应用[J].上海商业,2023(9):154-156.

[11]徐浩."互联网+"视域下交通运输经济发展思考[J].中国航务周刊,2023(37):64-66.

[12]于兰.道路运输经济的现状与发展前景[J].中国航务周刊,2023(36):54-56.

[13]何洋.公路运输经济发展中信息化管理的应用分析[J].中国储运,2023(09):207-208.DOI:10.16301/j.cnki.cn12-1204/f.2023.09.137.

[14]夏尚凯.交通运输经济效益提升策略探究[J].中国航务周刊,2023(35):55-57.

[15]夏尚凯.市场经济条件下交通运输经济管理研究[J].中国航务周刊,2023(34):60-62.

[16]哈澎.物流业与交通运输经济联动发展思考[J].中国物流与采购,2023(16):91-92.DOI:10.16079/j.cnki.issn1671-6663.2023.16.038.

[17]王乐军.公路运输经济发展中信息化管理的作用[J].中国航务周刊,2023(33):68-70.

[18]仲涛.大数据时代推进公路运输经济高质量发展的思考建议[J].中国航务周刊,2023(33):62-64.

[19]任虹.物流业对交通运输经济影响及协调发展策略[J].中国物流与采购,2023(15):140-141.DOI:10.16079/j.cnki.issn1671-6663.2023.15.042.

[20]徐华振,史晓露.交通运输经济发展面临的挑战及对策研究[J].中国市场,2023(21):19-22.DOI:10.13939/j.cnki.zgsc.2023.21.019.

[21]张恺.现代物流业与交通运输经济协调发展研究[J].中国航务周刊,2023(30):60-62.

[22]王飞祥,李晓天.以航空港角度研究中国航空运输发展对策[J].中国航务周刊,2023(29):61-63.

[23]李娟.浅析低碳经济下港口货物运输经济的发展[J].中国物流与采购,2023(14):115-117.DOI:10.16079/j.cnki.issn1671-6663.2023.14.019.

[24]单刚刚.交通运输经济发展的重要意义及发展方向探讨[J].活力,2023(13):196-198.

[25]汤宗干.交通运输经济发展需要插上"互联网+"翅膀[J].中国商界,2023(7):134-135.

[26]王敏洁.低碳经济背景下公路运输经济五大发展策略[J].中国商界,2023(7):140-141.

[27]栾庆熊,钱乾,段莉珍等.基于合成指数的云南省综合交通运输经济景气研究[J].物流工程与管理,2023,45(7):103-107.

[28]邓晓杰.基于"互联网+"的交通运输经济发展路径研究[J].中国航务周刊,2023(28):57-58.

[29]李丽文.新时代加强公路运输经济管理的必要性[J].市场瞭望,2023(13):93-95.

[30]徐勇.新形势下交通运输经济面临的困境及改善措施[J].运输经理世界,2023(19):56-58.

[31]李丽文.公路运输经济中信息化管理的作用[J].中国储运,2023(07):157-159.DOI:10.16301/j.cnki.cn12-1204/f.2023.07.071.

[32]王勇.交通运输经济面临的挑战与完善[J].中国储运,2023(07):79-80.DOI:10.16301/j.cnki.cn12-1204/f.2023.07.107.